PHRASE BOOK

Compiled by
LEXUS
with
Václav Řeřicha

Distributed in the United States by
Macmillan ■ USA

First published in Great Britain 1991
by HARRAP BOOKS Ltd
43–45 Annandale Street
Edinburgh EH7 4AZ

© Chambers Harrap Publishers Ltd/Lexus Ltd 1991
Reprinted 1992, 1993, 1995

ISBN 0-245-60260-7
In the United States, ISBN 0-13-373986-4

Printed in England by Clays Ltd, St Ives plc

CONTENTS

Abbreviations Used in this Book

acc	accusative
anim	animate
dat	dative
f	feminine
fam	familiar
gen	genitive
inan	inanimate
instr	instrumental
loc	locative
m	masculine
n	neuter
nom	nominative
pl	plural
pol	polite
(R)	registered trademark
sing	singular

The phrase sections in this new book are concise and to the point. In each section you will find a list of basic vocabulary; a selection of useful phrases; a list of common words and expressions that you will see on signs and notices. A full pronunciation guide is given for things you'll want to say or ask and typical replies to some of your questions are listed.

Of course, there are bound to be occasions when you want to know more. So this book allows for this by containing a two way Czech-English dictionary with a total of some 5,000 references. This will enable you to build up your Czech vocabulary, to make variations on the phrases in the phrase sections and to recognize more of the Czech words that you will see or hear when travelling about.

As well as this we have given a menu reader covering about 200 dishes and types of food – so that you will know what you are ordering! And, as a special feature, there is a section on colloquial Czech.

Speaking the language can make all the difference to your trip. So:

mnoho štěstí!
mnoHo sht-yestee
good luck!

and

šťastnou cestu!
sht-yastnoh tsestoo
have a good trip!

PRONUNCIATION

In the phrase sections of this book a pronunciation guide has been given by writing the Czech words as though they were English. So if you read out the pronunciation as English words a Czech person should be able to understand you. Some notes on this:

g	as in 'go'
H	as the 'ch' in the Scottish pronunciation of 'loch'
J	as the 's' in 'treasure' or the 'z' in 'seizure'
rJ	a rolled 'r' run together with 's' as in 'treasure'

The letter 'e' is always pronounced separately at the end of a word, so for example **můžete** is *mooJeteh*.

Czech words are always stressed on the first syllable.

In the Menu Reader and the Czech into English dictionary section we have followed Czech alphabetical order. This differs from English in the following respects: c, č; d, ď; e/é, ě; h, ch; n, ň; r, ř; s, š; t, ť; u/ú, ů; z, ž.

Translations are given in Czech, which is the language of Bohemia and Moravia and which is also understood in Slovakia, where Slovak is the main language.

To help you decipher Czech:

a — cross between English short 'a' and 'u'	ň — n-yuh
á — ah	ó — yawn
c — ts	ř — rolled 'r' plus 's' as in 'pleasure'
č — ch	š — sh
ď — dune	ť — tube
é — hair	ú/ů — oo
ě — yet	w — v
ch — loch	ý — ee
í — ee	ž — pleasure
j — yet	

GENERAL PHRASES

hello
dobrý den
dobree den

hi
ahoj
a-hoy

good morning
dobré ráno
dobreh rahno

good evening
dobrý večer
dobree vecher

good night
dobrou noc
dobroh nots

pleased to meet you
těší mě
t-yeshee mn-yeh

goodbye
nashledanou
nas-Hlehdanoh

cheerio
nazdar
nazdar

see you
ahoj
a-hoy

yes/no
ano/ne
a-no/neh

GENERAL PHRASES

yes please
ano, prosím
a-no prosseem

no thank you
ne, děkuji
neh d-yekoo-yi

please
prosím
prosseem

thank you/thanks
děkuji/díky
d-yekoo-yi/deeki

thanks very much
mnohokrát děkuji
mno-hokraht d-yekoo-yi

you're welcome
není zač
nenee zatsh

sorry
promiňte
promin-teh

sorry? *(didn't understand)*
prosím?
prosseem

how are you?
jak se vám daří?
yak seh vahm darjee

very well, thank you
dobře, děkuji
dob-rjeh d-yekoo-yi

and yourself?
a vám?
a vahm

excuse me *(to get attention)*
s dovolením
zdovoleneem

GENERAL PHRASES

how much is it?
kolik to stojí?
kolik to sto-yee

can I ...?
mohu ...?
mo-hoo

can I have ...?
mohu dostat ...?
mo-hoo dostat

I'd like to ...
rád bych *(m)*/ráda bych *(f)* ...
rahd biH/rahda biH

where is ...?
kde je ...?
gdeh yeh

it's not ...
to není ...
to nenee

is it ...?
je to ...?
yeh to

is there ... here?
je tady ...?
yeh tadi

could you say that again?
můžete to opakovat, prosím?
mooJeteh to opakovat prosseem

could you speak more slowly?
můžete mluvit pomaleji, prosím?
mooJeteh mloovit pomalayi prosseem

I don't understand
nerozumím
nerozoomeem

OK
dobře
dob-rjeh

GENERAL PHRASES

come on, let's go!
pojd'me !
poyd-meh

what's that in Czech?
jak je to česky?
yak yeh to chesski

could you write it down?
můžete to napsat?
moojeteh to napsat

I don't speak Czech
nemluvím česky
nemlooveem chesski

that's fine!
to je dobré
to yeh dobreh

dámy	ladies
na prodej	for sale
nalevo/napravo	to the left/to the right
návštěvní hodiny	visiting hours
nouzový východ	emergency exit
obsazeno	engaged
otevřeno	open
páni	gentlemen
pitná voda	drinking water
pokladna	till/ticket office
sem/tam	pull/push
vchod	entry
vstup volný	admission free
vstup zakázán	no admittance
východ	exit
výtah	lift
záchody	toilets
zavřeno	closed
ženy	ladies

COMING AND GOING

airport	letiště	*letisht-yeh*
baggage	zavazadla	*zavazadla*
book *(in advance)*	rezervovat	*rezervovat*
coach	autobus	*owtoboos*
gate *(at airport)*	východ	*veeHot*
plane	letadlo	*letadlo*
sleeper	spací vůz	*spatsee voos*
station	nádraží	*nahdrajee*
taxi	taxi	*taksi*
terminal	terminál	*terminahl*
train	vlak	*vlak*

a ticket to ...
lístek do ...
leestek do

I'd like to reserve a seat
chci místenku, prosím
Htsi meestenkoo prosseem

smoking/non-smoking please
kuřáky/nekuřáky, prosím
koo-rJahki/nekoo-rJahki prosseem

a window seat please
místo u okna, prosím
meesto oo-okna prosseem

which platform is it for ...?
z kterého nástupiště jede vlak do ...?
sktereho nahstoopisht-yeh yedeh vlak do

what time is the next flight?
kdy letí další letadlo?
gdi letee dalshee letadlo

is this the right train for ...?
je toto správný vlak do ...?
yeh toto sprahvnee vlak do

11

COMING AND GOING

is this bus going to ...?
jede tento autobus do ...?
yedeh tento owtoboos do

is this seat free?
je toto místo volné?
yeh toto meesto volneh

do I have to change (trains)?
musím přesedat?
moosseem prjessedat

is this the right stop for ...?
jede se z této zastávky do ...?
yedeh seh stehto zastahfki do

which terminal is it for ...?
který terminál je pro ...?
kteree terminahl yeh pro

is this ticket ok?
je tento lístek platný?
yeh tento leestek platnee

I want to change my ticket
chci vyměnit lístek
Htsi vimn-yenit leestek

thanks for a lovely stay
díky za příjemný pobyt
deeki za prjee-yemnee pobit

thanks very much for coming to meet me
děkuji, že mně přicházíte naproti
d-yekoo-yi Jeh-mnyeh prJi-Hahzeeteh naprotee

well, here we are in ...
tak tady jsme v ...
tak tadismeh v

    máte něco k proclení?
    mahteh n-yetso kprotslenee
    anything to declare?

    otevřel byste toto zavazadlo?
    otev-rJel bisteh toto zavazadlo
    would you mind opening this bag please?

COMING AND GOING

celní kontrola	customs control
cestující	passengers
číslo	number
informace	information
kuřáci	smokers
let	flight
mezipřistání	intermediate stop
místní čas	local time
nekuřáci	non-smokers
nekuřte, prosím	no smoking, please
nouzový východ	emergency exit
občerstvení	refreshments
odbavení	check-in
odlety	departures
pasová kontrola	passport control
přílety	arrivals
přímý let	direct flight
vnitrostátní linky	domestic services
východ	exit/gate
výdej zavazadel	baggage claim
zpoždění	delay

GETTING A ROOM

balcony	balkon *balkohn*
bed	lůžko *looshko*
breakfast	snídaně *sneedan-yeh*
dining room	jídelna *yeedelna*
dinner	večeře *vechehr-Jeh*
double room	pokoj pro dvě osoby *pokoy pro dv-yeh ossobi*
guesthouse	penzión *penzi-yawn*
hotel	hotel *hotel*
key	klíč *kleech*
lunch	oběd *ob-yet*
night	noc *nots*
private bathroom	vlastní koupelna *vlastnee kohpelna*
reception	recepce *retseptseh*
room	pokoj *pokoy*
shower	sprcha *spr-Ha*
single room	jednolůžkový pokoj *yednoloojkovee pokoy*
with bath	s koupelnou *skohpelnoh*
youth hostel	ubytovna pro mládež *oobitovna pro mlahdej*

do you have a room for one night?
máte pokoj na jednu noc?
mahteh pokoy na yednoo nots

do you have a room for one person?
máte pokoj pro jednu osobu?
mahteh pokoy pro yednoo ossoboo

do you have a room for two people?
máte pokoj pro dvě osoby?
mahteh pokoy pro dv-yeh ossobi

we'd like to rent a room for a week
rádi bychom si najali pokoj na týden
rahdi biHom si na-yali pokoy na teeden

14

GETTING A ROOM

I'm looking for a good cheap room
hledám slušný a laciný pokoj
hledahm slooshnee a latsinee pokoy

I have a reservation
mám rezervaci
mahm rezervatsi

how much is it?
kolik to stojí?
kolik to sto-yee

can I see the room please?
mohu ten pokoj vidět, prosím?
mo-hoo ten pokoy vid-yet prosseem

does that include breakfast?
je to i se snídaní?
yeh to i seh-sneedanee

a room overlooking the square
pokoj s okny na náměstí
pokoy sokni na-nahmn-yestee

we'd like to stay another night
rádi bychom zůstali ještě jednu noc
rahdi biHom zoostali yesht-yeh yednoo nots

we will be arriving late
přijedeme pozdě
prJi-yedemeh pozd-yeh

can I have my bill please?
mohu dostat účet, prosím?
mo-hoo dostat oochet prosseem

I'll pay cash
budu platit v hotovosti
boodoo platit vhotovosti

can I pay by credit card?
mohu platit úvěrovou kartou?
mo-hoo platit oov-yerovoh kartoh

will you give me a call at 6.30 in the morning?
zavoláte mi telefonem v šest třicet ráno?
zavolahteh mi telefonem f-shest trJi-tset rahno

GETTING A ROOM

at what time do you serve breakfast/dinner?
kdy podáváte snídani/večeři?
gdi podahvahteh sneedani/vecher-ji

can we have breakfast in our room?
můžeme dostat snídani v našem pokoji?
moojemeh dostat sneedani vnashem pokoyi

thanks for putting us up
děkujeme, že jste se o nás postarali
d-yekoo-yemeh Jesteh-seh o-nahs postarali

kavárna	café
koupelna	bathroom
nocleh se snídaní	bed and breakfast
nouzový východ	emergency exit
oběd	lunch
obsazeno	no vacancies
plná penze	full board
polopenze	half board
poschodí	floor
pouze pro personál	staff only
přízemí	ground floor
recepce	reception
restaurace	restaurant
směnárna	bureau de change
snídaně	breakfast
sprcha	shower
účet	bill
vinárna	wine-bar
výtah	lift

bill	účet *oochet*
dessert	dezert *dezert*
drink *(verb)*	pít *peet*
eat	jíst *yeest*
food	jídlo *yeedlo*
main course	hlavní chod *hlavnee Hot*
menu	jídelní lístek *yeedelnee leestek*
restaurant	restaurace *restowratseh*
salad	salát *salaht*
service	obsluha *opslooha*
starter	předkrm *prjetkruhm*
tip	spropitné *spropitneh*
waiter	číšník *cheeshneek*
waitress	číšnice *cheeshnitseh*

a table for three, please
stůl pro tři, prosím
stool pro trJi prosseem

waiter!
pane vrchní !
paneh vuhrH-nee

waitress!
paní vrchní !
panee vuhrH-nee

can I see the menu?
mohu dostat jídelní lístek?
mo-hoo dostat yeedelnee leestek

we'd like to order
rádi bychom si objednali
rahdi biHom si ob-yednali

what do you recommend?
co nám doporučíte?
tso nahm doporoocheeteh

EATING OUT

I'd like ... please
prosil bych *(m)*/prosila bych *(f)* ...
prossil-biH/prossila-biH

can I have what he's having?
mohu dostat to, co má on?
mo-hoo dostat to tso mah on

that's for me
to je pro mě
to yeh promn-yeh

some more bread please
ještě chleba, prosím
yesht-yeh Hleba prosseem

a bottle of red/white wine please
láhev červeného/bílého vína, prosím
lah-hef cherveneh-ho/beeleh-ho veena prosseem

could we have the bill, please?
mohli bychom dostat účet, prosím?
mohli biHom dostat oochet prosseem

bufet	snack bar
cukrárna	cake shop/café
hostinec	pub
jídelní lístek	menu
kavárna	café
nápojový lístek	drinks list
občerstvení	refreshments
restaurace	restaurant
samoobsluha	self-service
I./II./III./IV. cenová skupina	1/2/3/4 price category (1 being the most expensive)
šatna	cloakroom
vinárna	wine-bar
zmrzlina	ice cream

anglická telecí játra calf's liver quick-fried with streaky bacon

bavorské vdolečky filled doughnuts

bažant na slanině roast pheasant with bacon

bezmasá jídla meatless dishes

boršč-ruská polévka borshch — beetroot and cabbage soup

bramborák potato pancake

bramborová kaše mashed potatoes

bramborová polévka potato soup

bramborové knedlíky plněné uzeným potato dumplings with smoked meat inside

bramborový guláš potato goulash

cikánská hovězí pečeně gipsy-style beef stewed with onion, mushrooms, peppers, smoked sausage and tomatoes

česneková polévka garlic soup

čočka s vejcem lentils with a fried egg

čočková polévka s párkem lentil soup with sausage

daňčí roštěná sirloin of venison

divoký kanec wild boar

divoký králík na česneku wild rabbit with garlic

dort cream cake

dršťková polévka tripe soup with paprika

dušená kapusta stewed curly kale

fazole na kyselo sour bean stew

francouzské brambory boiled potatoes baked with onion and smoked sausage

guláš z daňčího masa venison goulash

gulášová polévka goulash soup

hašé z telecího masa minced veal

hlávkový salát se slaninou lettuce with vinegar dressing and small pieces of fried bacon

holub pigeon

hovězí dušené na hříbkách beef stew with mushrooms

hovězí dušené v mrkvi beef stew with carrots

19

hovězí játra na slanině calf's liver stewed with onions and bacon

hovězí maso s houbovou omáčkou boiled beef with mushroom sauce

hovězí maso s koprovou omáčkou boiled beef with dill sauce

hovězí maso s rajskou omáčkou boiled beef with tomato sauce

hovězí pečeně na paprice stewed beef with paprika

hovězí polévka beef broth

hovězí polévka s masovými knedlíčky beef broth with meatballs

hovězí polévka s noky beef broth with flour and potato dumplings

hrách s kyselým zelím peas and sauerkraut

hrachová kaše s cibulkou peas with fried onions

hříbky s vejci baked mushrooms with eggs

humr lobster

husí játra pečená na cibuli fried goose liver with onions

husí prsa nebo stehýnka na česneku breast or leg of goose with garlic

chlupaté knedlíky se zelím Bohemian potato dumplings with cabbage

chuťovky savouries

jarní míchaný salát mixed vegetable salad

játrová omáčka liver sauce

jednotlivá jídla à la carte

jehněčí maso lamb

jídla na objednávku meals made to order

kachna v šouletu duck with pea and pearl barley purée

kančí filé roast fillet of wild boar

kančí kýta s brusinkovou omáčkou boiled leg of wild boar with cranberry sauce

kapr na kmíně carp baked with caraway seeds

kapr na rožni carp on a skewer

kapusta curly kale

kapustové karbanátky fried minced meat with curly kale

kaše buckwheat porridge

káva se smetanou coffee with cream

MENU READER

kedlubny kohlrabi
klobása smoked sausage
klopsy na smetaně stewed meatballs with cream sauce
kmínová polévka s vejcem caraway seed soup with egg
knedlíky s vejci dumplings with egg
koblihy doughnuts
koláč pie
koroptev pečená na slanině roast partridge with bacon
krocan s kaštanovou nádivkou roast turkey stuffed with chestnuts
krupicová kaše semolina purée
krupicové noky semolina dumplings
křenová šlehačka horseradish sauce
kuře na paprice chicken with paprika, onion and cream sauce
kuře na rožni chicken on a skewer
kůzle pečené roast kid
květák cauliflower
květák s vejci cauliflower with eggs
kynuté knedlíky dumplings filled with jam
kyselé zelí sauerkraut
lečo s klobásou green or red peppers stewed with onion, tomato and smoked sausage
makrela na žampionech stewed mackerel with mushrooms
masová směs na roštu mixed grill
menu table d'hôte, set menu
míchaná vejce na cibulce scrambled eggs with onion
minutky fast meals to order
moravský vrabec 'Moravian Sparrows' — roast pieces of pork with caraway seeds
moučník dessert
na jehle on a skewer
na roštu grilled
nudle s mákem noodles with poppy seeds
obložený chlebíček open sandwich, canapé
okurkový salát se smetanou cucumber salad with cream
omeleta s drůbežími játry omelette with poultry liver
opékané brambory fried potatoes

paprikový salát green or red pepper salad
párek s hořčicí sausage with mustard
párek v rohlíku hot dog
pařížský krém whipped cream and chocolate cream
paštika z bažantů pheasant pâté
pečená šunka s vejci ham and eggs
perlička pečená na slanině roast guinea fowl with
  bacon
pikantní závitek beef olive
plněná kapusta curly kale leaves stuffed with minced
  meat
plněné rajče zapečené stuffed tomato au gratin
pórková polévka s vejcem leek soup with egg
povidlové taštičky small dough parcels filled with
  plum jam
přílohy side dishes
přírodní hovězí pečeně beef stewed with onion
přírodní roštěná sirloin stewed with onion
přírodní vepřové žebírko grilled pork chop
pstruh na smetaně poached trout with cream
pstruh s máslem grilled trout with herb butter
rajčatový salát tomato salad
rajská omáčka tomato sauce
rajská polévka tomato soup
restovaná telecí játra roast calf's liver with onion and
  spices
roštěná na paprice stewed sirloin with paprika
rybí filé na roštu grilled fish fillet
rýže dušená stewed rice
rýžový nákyp s jablky rice pudding with apples
řízek fillet
salát z fazolových lusků French bean salad
segedinský guláš Szeged pork goulash with sauerkraut
sekaná svíčková meat loaf with cream sauce
sekané maso minced meat
selská pečeně peasant-style saddle of pork roasted
  with garlic, salt and onion
skopová kýta na divoko leg of mutton stewed with
  onion and root vegetables in red wine
sleď vařený s křenovou omáčkou herring in
  horseradish sauce

MENU READER

slepice na paprice chicken with paprika and cream sauce

slepičí vývar s nudlemi chicken broth with vermicelli

smažené bramborové hranolky chips

smažené bramborové lupínky crisps

smažené kůzle nebo jehně fried kid or lamb in breadcrumbs

smažený sýr fried cheese with breadcrumbs

smažený vepřový řízek pork steak fried in breadcrumbs

srnčí hřbet přírodní saddle of venison

studené předkrmy hors d'œuvres, starters

svíčková pečeně na smetaně fillet of beef with cream sauce

španělský ptáček stewed beef roll with sausage, cucumber, onion and egg

špekové knedlíky bread and bacon dumplings

šunka po cikánsku gipsy-style ham with bacon, potatoes, onion, mushrooms and paprika

švestkové knedlíky plum dumplings

telecí dušené s hráškem veal stew with peas

telecí filé se šunkou a chřestem veal fillet with ham and asparagus

telecí filé s husími játry veal fillet with goose liver

telecí hrudí nadívané stuffed breast of veal

telecí ledvinka pečená roast calf's kidneys

telecí mozeček s vejci fried calf's brains with eggs

telecí perkelt stewed veal with paprika sauce

telecí plíčky na smetaně calf's lung with cream sauce

telecí srdce na smetaně calf's heart with cream sauce

teplé předkrmy entrées

topinky s česnekem toasted rye bread flavoured with garlic

treska na roštu grilled cod

uzené maso vařené boiled smoked meat

uzeniny smoked meats

uzený úhoř smoked eel

vařené brambory boiled potatoes

vejce na měkko soft-boiled egg

vejce na tvrdo hard-boiled egg

vepřová játra pečená na cibulce fried pig's liver and onion

vepřová krkovička po selsku roast neck of pork with onions

vepřová kýta na paprice stewed leg of pork with paprika

vepřové na kmíně pork stew with caraway seeds

vepřová játra na cibulce pig's liver stewed with onion

vepřové plíčky na smetaně pig's lungs with cream sauce

vepřové ražniči pork on skewer with bacon and onions

vepřový bůček nadívaný stuffed side of pork

zadělávaná slepice chicken with white sauce

zadělávané kedlubny kohlrabi with white sauce

zajíc na divoko saddle and leg of hare stewed in red wine

zapékané brambory se sýrem potatoes baked with cheese

zastřené vejce poached egg

zeleninové rizoto stewed rice with vegetables

zeleninový řízek fried vegetable rissole

zelná polévka s klobásou cabbage soup with smoked sausage

zmrzlinový pohár sundae

zvěřina game

žampióny mushrooms

žemlovka bread pudding with apples and cinnamon

HAVING A DRINK

bar	bar *bar*
beer	pivo *pivo*
coke (R)	coca-cola *kokakolah*
dry	suché *sooHeh*
orange juice	pomerančový džus *pomeranchovee dJoos*
gin and tonic	gin a tonic *dJin a tonik*
ice	led *let*
lager	ležák *leJahk*
lemonade	limonáda *limonahda*
pub	hospoda *hospoda*
red	červené *cherveneh*
straight	čistý *chistee*
sweet	sladký *slatkee*
vodka	vodka *votka*
whisky	whisky *viski*
white	bílé *beeleh*
wine	víno *veeno*

let's go for a drink
pojd'me na skleničku
poyd-yehmeh na sklenichkoo

a beer please
pivo, prosím
pivo prosseem

two beers please
dvě piva, prosím
dv-yeh piva prosseem

two glasses of red/white wine
dvě sklenice červeného/bílého vína
dv-yeh sklenitseh cherveneh-ho/beeleh-ho veena

with lots of ice
a hodně ledu
a hodn-yeh ledoo

25

HAVING A DRINK

no ice thanks
bez ledu, děkuji
bez-ledoo d-yekoo-yi

the same again please
ještě jednou to samé, prosím
yesht-yeh yednoh to sameh prosseem

what'll you have?
co si dáte?
tso si dahteh

I'll get this round
toto je na mě
toto yeh namn-yeh

not for me thanks
pro mě ne, děkuji
promn-yeh neh d-yekoo-yi

he's absolutely smashed
je totálně namazaný
yeh totahln-yeh namazanee

becherovka (R)	bitter aperitif
denní vinárna	wine-bar open during the day
malé pivo	small beer
Mattoniho kyselka (R)	mineral water
noční vinárna	wine-bar open at night
pivnice	beer house
plzeňské pivo	Pilsen beer
slivovice	plum brandy
vstup jen ve společenském oděvu	jacket and tie required
IV. cenová skupina	4th *(lowest)* price category

COLLOQUIAL EXPRESSIONS

barmy	praštěný *prasht-yenee*
bastard	lump *loomp*
bird	kočka *kochka*
bloke	chlápek *Hlahpek*
nutter	blázen *blahzen*
pissed	ožralý *oʝralee*
thickie	hlupák *hloopahk*
twit	blbec *blbets*

great!
skvělé!
skv-yeleh

that's awful!
to je strašné!
to yeh strashneh

shut up!
zavři zobák!
zav-rʝi zobahk

ouch!
au!
ow

yum-yum!
mňam, mňam!
nn-yam mn-yam

I'm absolutely knackered
jsem úplně na dně
sem oopuhln-yeh na-dn-yeh

I'm fed up
mám toho dost
mahm toho dost

COLLOQUIAL EXPRESSIONS

I'm fed up with ...
mám dost ...
mahm dost

don't make me laugh!
ty mě chceš rozesmát!
ti-mn-yeh Htsesh rozes-maht

you've got to be joking!
ty si snad děláš legraci!
ti-si snat d-yelahsh legratsi

it's rubbish *(goods etc)*
to jsou krámy
to soh krahmi

it's a rip-off
to je zloděMina
to yeh zlod-yay-ina

get lost!
zmiz!
zmis

it's a damn nuisance
to je hrozná otrava
to yeh hroznah otrava

it's absolutely fantastic
to je absolutně fantastické
to yeh apsolootn-yeh fantastitskeh

bacha!	look out!
počkejte moment	hang on a minute
to je paráda!	that's great!
to je v pořádku!	no problem!
to snad není možné!	I can't believe it!
vypadni!	clear out!

GETTING AROUND

bike	kolo *kolo*
bus	autobus *owtoboos*
car	auto *owto*
change *(trains)*	přesedat *pr]esedat*
garage *(for fuel)*	benzínová stanice *benzinovah stanitseh*
hitch-hike	stopovat *stopovat*
map	mapa *mapa*
moped	moped *mopet*
motorbike	motocykl *mototsikl*
petrol	benzin *benzin*
return (ticket)	zpáteční jízdenka *spahtechnee yeezdenka*
single	jednoduchá jízdenka *yednodooHah yeezdenka*
station	nádraží *nahdra]ee*
taxi	taxi *taksi*
ticket *(train, bus)*	jízdenka *yeezdenka*
(aeroplane)	letenka *letenka*
train	vlak *vlak*
underground	metro *metro*

I'd like to rent a car
rád bych si najal *(m)*/ráda bych si najala *(f)* auto
rahd biH si na-yal owto/rahda biH si na-yala owto

how much is it per day?
kolik to stojí na den?
kolik to sto-yee na-den

when do I have to bring the car back?
kdy musím přivézt auto zpátky?
gdi moosseem pr]i-vehst owto spahtki

I'm heading for ...
jedu do ...
yedoo do

29

GETTING AROUND

how do I get to ...?
jak se dostanu do ...?
yak seh dostanoo do

REPLIES

rovně
rovn-yeh
straight on

zahněte vlevo/vpravo
zahn-yeteh vlevo/fpravo
turn left/right

je to tamta budova
yeh to tamtuh boodova
it's that building there

musíte zpátky stejnou cestou
mooseeteh spahtki staynoh tsestoh
it's back that way

první/druhá/třetí vlevo
purvnee/droohah/trjetee vlevo
first/second/third on the left

we're just travelling around
jen tak cestujeme
yen tak tsestoo-yemeh

I'm a stranger here
jsem tady cizí
sem tadi tsizee

is that on the way?
je to po cestě?
yeh to po-tsest-yeh

can I get off here?
mohu vystoupit tady?
mo-hoo vistohpit tadi

thanks very much for the lift
děkuji za svezení
d-yekoo-yi za svezehnee

GETTING AROUND

two returns to ... please
prosím dva zpáteční do ...
prosseem dva spahtechnee do

what time is the last train back?
kdy jede poslední vlak zpátky?
gdi yedeh poslednee vlak spahtki

we want to leave tomorrow and come back the day after
chceme odjet zítra a vrátit se pozítří
Htsemeh od-yet zeetra a vrahtitseh pozee-trJee

we're coming back the same day
vracíme se stejný den
vratseemeh seh staynee den

is this the right platform for ...?
je toto správné nástupiště pro vlak do ...?
yeh toto sprahvnen nahstoopisht-yeh pro vlak do

is this train going to ...?
jede tento vlak do ...?
yedeh tento vlak do

where are we?
kde jsme?
gdeh smeh

which stop is it for ...?
na které zastávce je ...?
na khtereh zastahftseh yeh

how far is it to the nearest petrol station?
jak daleko je nejbližší benzínová stanice?
yak daleko yeh nayblishee benzinovah stanitseh

I need a new tyre
potřebuji novou pneumatiku
po-trJeboo-yi novoh pneh-oomatikoo

it's overheating
moc se to zahřívá
mots seh to zah-rJeevah

there's something wrong with the brakes
něco je s brzdami
n-yetso yeh zbuhrz-dami

31

GETTING AROUND

benzínová stanice	petrol station
čekárna	waiting room
druhá třída	second class
hlavní nádraží	main station
hlídané parkoviště	car park with attendant
jízdní řád	timetable
kolej	platform
mezinárodní	international
místenka	seat reservation ticket
motorová nafta	diesel oil
nádraží	railway station
nástup	entry
nebezpečí	danger
nevystupovat!	do not get out!
nouzový východ	emergency exit
objížďka	diversion
obsazeno	engaged
odjezd	departure
odtahová služba	towing service
opravna automobilů	service station
osobní vlak	local train
parkoviště	car park
pokladna	booking/ticket office
pozor!	caution!
rychlík	fast train
sleva	discount
spací vagón	sleeper
stanoviště taxi	taxi stand
úschovna zavazadel	left luggage
vagón	carriage
východ	exit
zahraniční	international
záchranná brzda	emergency brake
zákaz parkování	no parking
zastávka	bus stop
zpoždění	delay

carrier bag	taška *tashka*
cashdesk	pokladna *pokladna*
cheap	levný *levnee*
cheque	šek *shek*
department	oddělení *od-yelehnee*
expensive	drahý *dra-hee*
pay	platit *platit*
receipt	paragon *paragon*
shop	obchod *opHot*
shop assistant	(m) prodavač *prodavach*
	(f) prodavačka *prodavachka*
supermarket	velká samoobsluha *velkah samo-opslooha*
till	pokladna *pokladna*

I'd like ...
rád *(m)*/ráda *(f)* bych ...
rahd/rahda biH ...

have you got ...?
máte ...?
mahteh

how much is this?
kolik to stojí?
kolik to sto-yee

the one in the window
ten ve výkladě
ten ve veeklad-yeh

do you take credit cards?
berete úvěrové karty?
bereteh oov-yeroveh karti

could I have a receipt please?
mohu dostat paragon, prosím?
mo-hoo dostat paragon prosseem

SHOPPING

I'd like to try it on
rád bych si to vyzkoušel *(m)*/ráda bych si to
vyzkoušela *(f)*
rahd-biH si to viskohshel/rahda biH si to viskohshela

I'll come back
vrátím se
vrahteem seh

it's too big/small
je to moc velké/malé
yeh to mots velkeh/maleh

it's not what I'm looking for
to není to, co hledám
to nenee to tso hledahm

I'll take it
vezmu si to
vezmoo si to

can you gift-wrap it?
můžete to zabalit jako dárek?
mooJeteh to zabalit yako dahrek

dámské oděvy	ladies' wear
drogerie	chemist's
cena	price
inventura	closed for stock-taking
lékárna	pharmacy
obchodní dům	department store
otevřeno	open
pánské oděvy	menswear
pokladna	cash desk
přejímka zboží	closed for deliveries
přijdu hned	back in a moment
samoobsluha	self-service
večerka	grocer's open in the afternoons and evenings
výprodej	sale
zavřeno	closed

THINGS CZECHOSLOVAKIAN

Pražské hudební jaro	Prague Spring Music Festival (held in May-June)
Mezinárodní strojírenský veletrh	annual International Engineering Trade Fair (held in Brno in September)
slivovice	very strong plum brandy
české sklo	Bohemia glass — high quality glass sold in 'Bohemia' shops
Becherovka	mild digestive herbal liqueur made in Karlovy Vary (Carlsbad) according to secret recipe
Karlův most	Charles' Bridge (Prague) — built in 1357 with Gothic towers and over thirty statues
Pražský hrad	Prague Castle founded in 880 — attractive complex of palaces, churches, courtyards, towers and the gothic Cathedral of St Vitus
knedlíky	potato, cottage cheese or flour dumplings, savoury or filled with fruit — eaten on their own or with main meal
Plzeňské pivo	Pilsen beer — lager of unique taste, also recommended for stomach ulcers
Velká pardubická	Grand Pardubice Steeplechase (held annually in October in East Bohemian town of Pardubice)
lázně	spas — best known of which is in Karlovy Vary with 12 springs — other popular spas are Piešťany spa in Slovakia, dating back to Roman times with thermal springs and mud for diseases of the joints etc, and Jánské Lázně in the Krkonoše Mountains
Strážnické slavnosti	annual folk festival (held in June in South Moravian town of Strážnice)

MONEY

bank	banka *banka*
bill	účet *oochet*
bureau de change	směnárna *smn-yenahrna*
change *(small)*	drobné *drobneh*
cheque	šek *shek*
credit card	úvěrová karta *oov-yerovah karta*
Czechoslovak crown	československá koruna *cheskoslovenskah koroona*
Eurocheque	eurošek *e-ooroshek*
exchange rate	směnárenský kurs *smn-yenahrenskee koors*
expensive	drahý *drahee*
pound (sterling)	libra šterlinků *libra shterlinkoo*
price	cena *tsena*
receipt	potvrzení *potvuhrzenee*
traveller's cheque	cestovní šek *tsestovnee shek*

how much is it?
kolik to stojí?
kolik to sto-yee

I'd like to change this into ...
rád bych to vyměnil *(m)*/ráda bych to vyměnila *(f)* za ...
rahd biH to vimn-yenil/rahda biH to vimn-yenila za

can you give me something smaller?
můžete mi dát drobnější peníze?
moojeteh mi daht drobn-yayshee peneezeh

can I use this credit card?
můžu platit touto úvěrovou kartou?
moojoo platit tohto oov-yerovoh kartoh

can we have the bill please?
můžeme dostat účet, prosím?
moojemeh dostat oochet prosseem

36

MONEY

it's alright/please keep the change
to je dobré
to yeh dobreh

does that include service?
je v tom započítána obsluha?
yeh ftom zapocheetahna opslooha

I think the figures are wrong
myslím, že účet nesouhlasí
misleem Jeh oochet nehsoh-hlassee

I'm completely skint
nemám ani korunu
nemahm ani koroonoo

The unit is the crown **koruna** *koroona*. This is divided into 100 **haléř** *halehrJ*.

banka	bank
cestovní šek	traveller's cheque
kursovní lístek	list of exchange rates
kurs pro turistiku	tourist exchange rate
nákupní kurs	buying rate
neobchodní kurs	non-commercial exchange rate
obchodní kurs	commercial exchange rate
povinná směna	compulsory exchange
prodejní kurs	selling rate
směnárenský kurs	exchange rate
spořitelna	savings bank
úvěrová karta	credit card
v hotovosti	in cash

ENTERTAINMENT

band *(pop)*	skupina *skoopina*
cinema	kino *kino*
concert	koncert *kontsert*
disco	diskotéka *diskotehka*
film	film *film*
go out	jít ven *yeet ven*
music	hudba *hoodba*
play *(theatre)*	divadelní hra *divadelnee hra*
seat	sedadlo *sedadlo*
show	show *shoh*
singer	*(m)* zpěvák/*(f)* zpěvačka *sp-yevahk/sp-yevachka*
theatre	divadlo *divadlo*
ticket	vstupenka *fstoopenka*

are you doing anything tonight?
máte dnes večer něco?
mahteh dnes vecher n-yetso

do you want to come out with me tonight?
chcete jít se mnou dnes večer ven?
Htseteh yeet seh-mnoh dnes vecher ven

what's on?
co je na programu?
tso yeh na programoo

have you got a programme of what's on in town?
máš program kulturních pořadů ve městě?
mahsh program kooltoorneeH porJadoo veh-mn-yest-yeh

which is the best disco round here?
jaká je tady nejlepší diskotéka?
yakah yeh tadi naylepshee diskotehka

let's go to the cinema/theatre
pojd'me do kina/divadla
poyd-meh do kina/divadla

ENTERTAINMENT

I've seen it
to jsem už viděl
to sem ooj vid-yel

I'll meet you at 9 o'clock at the station
setkáme se v devět hodin na nádraží
setkahmeh-seh vdev-yet hodin na-nahdrajee

can I have two tickets for tonight?
mohu dostat dva lístky na dnes večer?
mo-hoo dostat dva leestki na dnes vecher

I'd like to book three seats for tomorrow
chci si rezervovat tři místa na zítřek, prosím
Htsi si rezervovat trji meesta na zeetrjek prosseem

shall we dance?
zatancujeme si?
zatantsoo-yemeh-si

do you want to dance again?
chcete si ještě zatancovat?
Htseteh si yesht-yeh zatantsovat

thanks but I'm with my boyfriend
děkuji, ale jsem tady s přítelem
d-yekoo-yi aleh sem tadi sprjeetelem

let's go out for some fresh air
pojďme ven na čerstvý vzduch
poyd-meh ven na cherstvee vzdooH

I'm meeting someone inside
mám s někým vevnitř schůzku
mahm sn-yekeem vevnitrj sHooskoo

Laterna Magika	Magic Lantern show
lunapark	funfair
pokladna	box office
předprodej	advance booking
variété	variety show
vyprodáno	sold out

BUSINESS

business	obchod *opHot*
business card	navštívenka *nafshteevenka*
company	společnost *spolecnost*
contract	smlouva *smlohva*
fax *(noun)*	fax *faks*
instalment	splátka *splahtka*
invoice	faktura *faktoora*
managing director	ředitel *rJeditel*
meeting	schůze *s-Hoozeh*
price	cena *tsena*
quote *(noun)*	návrh ceny *nahvuhrH tseni*
target	cíl *tseel*
telex	telex *teleks*
workflow schedule	pracovní program *pratsovnee program*

I have a meeting with Mr ...
mám schůzku s panem ...
mahm s-Hooskoo spanem

may I introduce Mr ...?
mohu vám představit pana ....?
mo-hoo-vahm prJetstavit pana

he is our technical director/sales director
je náš technický ředitel/obchodní ředitel
yeh nahsh teHnitskee rJeditel/opHodnee rJeditel

can we send you faxes in English?
můžeme vám poslat fax v angličtině?
mooJemeh vahm poslat faks vanglichtin-yeh

I'd like to have time to think it over
rád bych si to promyslel *(m)* /ráda bych si to promyslela *(f)*
rahd biH si to promislel/rahda biH si to promislela

40

BUSINESS

we're very excited about it
jsme tím nadšeni
smeh teem natshenee

I'm afraid this is still a problem
obávám se, že toto je pořád ještě problém
obahvahm-seh Jeh toto yeh porJaht yesht-yeh problehm

ok, that's a deal
dobře, jsme dohodnuti
dobrJeh smeh dohodnooti

let's drink to a succesful partnership
připijme si na úspěšnou spolupráci
prJipi-yumeh-si na oosp-yeshnoh spolooprahtsi

it's a pleasure doing business with you
obchodovat s vámi je potěšením
opHodovat svahmi yeh pot-yesheneem

náměstek	deputy/vice-president
obchodní dopis	business letter
obchodní oddělení	commercial department
podnik	enterprise
recepce	reception
ředitel	director/manager
schůze	meeting
soukromý	private
státní podnik	state enterprise
úřad	office
úřední hodiny	office hours
vrátnice	reception

PROBLEMS

accident	nehoda *nehoda*
ambulance	sanitka *sanitka*
broken	zlomený *zlomenee*
doctor	doktor *doktor*
emergency	naléhavý případ *naleh-havee prjeepat*
fire	požár *pojahr*
fire brigade	požární sbor *pojahrnee zbor*
ill	nemocný *nemotsnee*
injured	zraněný *zran-yenee*
late	pozdě *pozd-yeh*
out of order	rozbitý *rozbitee*
police	policie *politsi-yeh*

can you help me? I'm lost
můžete mi pomoci? ztratil *(m)*/ztratila *(f)* jsem se
moojeteh mi pomotsi – stratil/stratila sem-seh

I've lost my passport
ztratil jsem pas
stratil sem pas

I've locked myself out of my room
zabouchl jsem si dveře do pokoje
zabohHul sem si dverjeh do poko-yeh

my luggage hasn't arrived
má zavazadla tady ještě nejsou
mah zavazadla tadi yesht-yeh naysoh

I can't get it open
nemohu to otevřít
nemo-hoo to otev-rjeet

it's jammed
zaseklo se to
zaseklo seh to

PROBLEMS

I don't have enough money
nemám dost peněz
nemahm dost pen-yes

I've broken down
mám poruchu
mahm porooHoo

this is an emergency
je to velmi naléhavé
yeh to velmi naleh-haveh

help!
pomoc!
pomots

it doesn't work
nefunguje to
nefoongoo-yeh-to

the lights aren't working in my room
v mém pokoji nesvítí světla
vmehm poko-yi nesveetee sv-yetla

the lift is stuck
výtah zůstal viset
veetaH zoostal viset

I can't understand a single word
nerozumím ani slovo
nerozoomeem ani slovo

can you get an interpreter?
můžete sehnat tlumočníka?
mooJeteh seh-hnat tloomochneeka

the toilet won't flush
záchod nesplachuje
zahHot nesplaHoo-yeh

there's no plug in the bath
ve vaně není zátka
veh-van-yeh nenee zahtka

there's no hot water
neteče teplá voda
netecheh teplah voda

PROBLEMS

there's no toilet paper left
není tam žádný toaletní papír
nenee tam jahdnee to-aletnee papeer

I'm afraid I've accidentally broken the ...
obávám se, že jsem nechtě rozbil ...
obahvahm-seh jeh-sem neht-yeh rozbil

this man has been following me
tento muž mě sleduje
tento mooj mn-yeh sledoo-yeh

I've been mugged
byl jsem přepaden
bil sem prjepaden

my handbag has been stolen
ukradli mi kabelku
ookradli mi kabelkoo

mimo provoz	out of order
nebezpečí	danger
nedotýkat se	do not touch
nouzový východ	emergency exit
pozor!	caution!
vstup zakázán	entry forbidden
vysoké napětí	high voltage
zákaz ...	... forbidden

bandage	obvaz *obvas*
blood	krev *kref*
broken	zlomený *zlomenee*
burn	spálený *spahlenee*
chemist's	lékárna *lehkahrna*
contraception	antikoncepce *antikontseptseh*
dentist	dentista *dentista*
disabled	invalida *invalida*
disease	nemoc *nemots*
doctor	lékař *lehkarj*; doktor *doktor*
health	zdraví *zdravee*
hospital	nemocnice *nemotsnitseh*
ill	nemocný *nemotsnee*
nurse	zdravotní sestra *zdravotnee sestra*
wound	zranění *zran-yenee*

I don't feel well
není mi dobře
neneemi dobrjeh

it's getting worse
je to horší
yeh to horshee

I feel better
je mi lépe
yeh-mi lehpeh

I feel sick
je mi špatně
yeh-mi shpatn-yeh

I've got a pain here
tady mě bolí
tadi mn-yeh bolee

it hurts
bolí to
boleeto

45

HEALTH

he's got a high temperature
má vysokou teplotu
mah visokoh teplotoo

could you call a doctor?
můžete zavolat doktora?
moojeteh zavolat doktora

is it serious?
je to vážné?
yeh to vahjneh

will he need an operation?
bude muset jít na operaci?
boodeh moosset yeet na-operatsi

I'm diabetic
jsem diabetik
sem di-abetik

keep her warm
držte ji v teple
druhjteh-yee ftepleh

have you got anything for ...?
máte něco na ...?
mahteh n-yetso na

ambulance	out-patients' department
jen na lékařský předpis	on prescription only
lékárna	chemist's
nemocnice	hospital
pohotovostní služba	emergencies
první pomoc	first aid
třikrát denně před jídlem	three times a day before meals

I want to learn to sailboard
chci se naučit jezdit na surfu
Htsi-seh na-oochit yezdit na-sehrfoo

how much is half an hour's waterskiing?
kolik stojí půl hodiny vodního lyžování?
kolik sto-yee pool hodini vodneeho liJovahnee

I'd like lessons in horse-riding
chtěl *(m)*/chtěla *(f)* bych hodiny jízdy na koni
Ht-yel/Ht-yela biH hodini yeezdi na-koni

can we use the tennis court?
můžeme hrát na tenisovém kurtu?
mooJemeh hraht na-tenisovehm koortoo

see you at the top of the skilift
uvidíme se nahoře u vleku
oovideemeh-seh nahorJeh oovlekoo

how much is a skipass?
kolik stojí permanentka na vlek?
kolik sto-yee permanentka na-vlek

I'd like to go and watch a football match
rád bych se šel *(m)*/ráda bych se šla *(f)* podívat na
fotbal
rahd biH seh shel/rahda biH seh shla podeevat na fotbal

is it possible to play nine-pins here?
je možné tady hrát kuželky?
yeh moJneh tadi hraht kooJelki

we're going to do some hill-walking
budeme chodit po horách
boodemeh Hodit po-horahH

this is the first time I've ever tried it
to je poprvé, co jsem to zkusil *(m)*/zkusila *(f)*
to yeh popuhrveh tso-sem-to skoosil/skoosila

47

THE POST OFFICE

letter	dopis *dopis*
post office	pošta *poshta*
recorded delivery	doporučeně *doporoochen-yeh*
send	poslat *poslat*
stamp	známka *znahmka*
telegram	telegram *telegram*

how much is a letter to Ireland?
kolik stojí dopis do Irska?
kolik sto-yee dopis do irska

I'd like four stamps for ....
prosím čtyři známky do ...
prosseem chtirJi znahmki do

I'd like six stamps for postcards to England
prosím šest známek na pohlednice do Anglie
prosseem shest znahmek na-pohlednitseh do angli-yeh

is there any mail for me?
mám tu nějakou poštu?
mahm too n-yeh-yakoh poshtoo

I'm expecting a parcel from ...
očekávám balíček z ...
ochekahvahm baleechek z

adresát	addressee
doporučeně	registered
expres	special delivery
kolek	duty stamp
odesílatel	sender
pošta	post-office
poštovní směrovací číslo/PSČ	post code
známky	stamps

48

TELEPHONING

directory enquiries	telefonní informace *telefonee informatseh*
engaged	obsazeno *opsazeno*
extension	linka *linka*
number	číslo *cheesslo*
operator	ústředna *oost-rjedna*
phone (verb)	telefonovat *telefonovat*
phone box	telefonní kabina *telefonee kabina*
telephone	telefon *telefon*
telephone directory	telefonní seznam *telefonee seznam*

is there a phone round here?
je tady někde telefon?
yeh tadi n-yegdeh telefon

can I use your phone?
mohu si od vás zatelefonovat?
mo-hoo-si od vahs zatelefonovat

I'd like to make a phone call to Britain
chci, prosím, telefonovat do Británie
Htsi prosseem telefonovat do britahni-yeh

I want to reverse the charges
chci hovor na účet volaného
Htsi hovor na-oochet volaneh-ho

hello
haló
halaw

could I speak to Václav?
mohl (m)/mohla (f) bych mluvit s Václavem?
mohl/mo-hla biH mloovit zvahtslavem

hello, this is Simon speaking
haló, u telefonu Simon
halaw oo telefonoo Simon

TELEPHONING

can I leave a message?
mohu nechat vzkaz?
mo-hoo neHat fskas

do you speak English?
mluvíte anglicky?
mlooveeteh anglitski

could you say that again very very slowly?
můžete to opakovat velmi, velmi pomalu?
mooJeteh to opakovat velmi velmi pomaloo

could you tell him Jim called?
můžete mu říci, že volal Jim?
mooJeteh moo rJeetsi Jeh volal Jim

could you ask her to ring me back?
můžete jí říci, aby mě zavolal?
mooJeteh yee rJeetsi abi mn-yeh zavolal

I'll call back later
zavolám později
zavolahm pozd-yeh-yi

my number is ...
mám číslo ...
mahm cheesslo

76 32 11
sedmdesát-šest třicet-dva jedenáct
sedoom-desaht-shest trJitset-dva yedenahtst

just a minute please
moment, prosím
moment prosseem

he's not in
není tady
nenee tadi

sorry, I've got the wrong number
promiňte, volám špatné číslo
promin-yeteh volahm shpatneh cheesslo

it's a terrible line
je hrozně špatné spojení
yeh hrozn-yeh shpatneh spoyenee

50

TELEPHONING

REPLIES

počkejte
pochkayteh
hang on

kdo mám říci, že volá?
gdo mahm rjeetsi Jeh volah
who shall I say is calling?

kdo volá?
gdo volah
who's calling?

informace	directory enquiries
mezuměstský hovor	long-distance call
předčíslí	dialling code
obsazeno	engaged
ústředna	operator
vhoď'te minci	insert money
vytočte číslo	dial number
zvedněte sluchátko	lift handset

THE ALPHABET

how do you spell it?
jak se to hláskuje?
yak seh to hlahskooyeh

I'll spell it
budu to hláskovat
boodoo to hlahskovat

a *ah*	**h** *hah*	**o** *aw*	**u** *oo*
b *beh*	**ch** *Hah*	**p** *peh*	**v** *veh*
c *tseh*	**i** *ee*	**q** *kveh*	**w** *dvo-yiteh veh*
č *cheh*	**j** *yeh*	**r** *er*	**x** *iks*
d *deh*	**k** *kah*	**ř** *er-J*	**y** *ipsilon*
ď *dyeh*	**l** *el*	**s** *es*	**z** *zet*
e *eh*	**m** *em*	**š** *esh*	**ž** *Jet*
f *ef*	**n** *en*	**t** *teh*	
g *geh*	**ň** *en-yeh*	**ť** *t-yeh*	

51

NUMBERS, THE DATE, THE TIME

0	nula *noola*
1	jedna *yedna*
2	dvě *dv-yeh*
3	tři *trji*
4	čtyři *chutirji*
5	pět *p-yet*
6	šest *shest*
7	sedm *sehdum*
8	osm *ossum*
9	devět *dev-yet*
10	deset *desset*
11	jedenáct *yedenahtst*
12	dvanáct *dvanahtst*
13	třináct *trjinahtst*
14	čtrnáct *chuturnahtst*
15	patnáct *patnahtst*
16	šestnáct *shestnahtst*
17	sedmnáct *sehdummahtst*
18	osmnáct *ossumnahtst*
19	devatenáct *dehvatenahtst*
20	dvacet *dvatset*
21	dvacet jedna *dvatset yedna*
22	dvacet dva *dvatset dva*
30	třicet *trjitset*
35	třicet pět *trjitset p-yet*
40	čtyřicet *chutirjitset*
50	padesát *padessaht*
60	šedesát *shedessaht*
70	sedmdesát *sehdumdessaht*
80	osmdesát *ossumdessaht*
90	devadesát *devadessaht*
91	devadesát jedna *devadessaht yedna*

NUMBERS, THE DATE, THE TIME

100	sto	*sto*
101	sto jedna	*sto yedna*
200	dvěstě	*dv-yest-yeh*
202	dvěstě dvě	*dv-yest-yeh dv-yeh*
1,000	tisíc	*tiseets*
2,000	dva tisíce	*dva tiseetseh*
1,000,000	milión	*mili-yawn*
1st	první	*purvnee*
2nd	druhý	*droohee*
3rd	třetí	*trjetee*
4th	čtvrtý	*chutvurtee*
5th	pátý	*pahtee*
6th	šestý	*shestee*
7th	sedmý	*sedmee*
8th	osmý	*osmee*
9th	devátý	*devahtee*
10th	desátý	*desahtee*

what's the date?
kolikátého je dnes?
kolikahteh-ho yeh dnes

it's the first of June
je prvního června
yeh purvneeho chervna

it's the tenth/twelfth of May 1994
je desátého/dvanáctého května devatenáct set
devadesát čtyři
*yeh dessahteh-ho/dvanahtsteh-ho kvyetna devatenahtst set
devadessaht chutirji*

what time is it?
kolik je hodin?
kolik yeh hodin

it's midday/midnight
je poledne/půlnoc
yeh poledneh/poolnots

53

NUMBERS, THE DATE, THE TIME

it's one o'clock
je jedna hodina
yeh yedna hodina

it's three o'clock
jsou tři hodiny
soh trji hodini

it's twenty past three
jsou tři hodiny dvacet minut
soh trji hodini dvatset minoot

it's twenty to three
za dvacet minut budou tři hodiny
za dvatset minoot boodoh trji hodini

it's half past eight
je půl deváté
yeh pool devahteh

it's a quarter past/quarter to five
je čtvrt na šest/třičtvrtě na pět
yeh chutvurt na shest/trji chutvurt-yeh na-p-yet

at two/five p.m.
ve dvě/v pět odpoledne
veh-dv-yeh/fp-yet otpoledneh

54

a *(see grammar)*
about *(approx)* asi
above nad *(+ instr)*
abroad v zahraničí
accelerator plyn
accent přízvuk
accept přijmout
accident nehoda
accommodation ubytování
accompany doprovodit
ache bolest *(f)*
adaptor *(for voltage)* adaptér; *(plug)* rozdvojná zásuvka
address adresa
address book adresář
adult dospělý *(m)*, dospělá *(f)*
advance: in advance napřed
advise poradit
aeroplane letadlo
afraid: I'm afraid of mám strach z *(+ gen)*
after po *(+ loc)*
afternoon odpoledne *(n)*
aftershave voda po holení
afterwards potom
again znovu
against proti
age věk
agency agentura *(m)*
agent zástupce *(m)*
aggressive agresivní
ago: three days ago před třemi dny
agree souhlasit

AIDS AIDS
air vzduch
air-conditioned klimatizovaný
air-conditioning klimatizace *(f)*
air hostess letuška
airline letecká linka
airmail: by airmail letecky
airport letiště *(n)*
alarm poplach
alarm clock budík
alcohol alkohol
alive živý
all: all the men/women všichni muži/všechny ženy; **all the milk** všechno mléko; **all day** celý den
allergic to alergický na
all-inclusive včetně všeho
allow dovolit
allowed dovoleno
all right: that's all right to je v pořádku
almost skoro
alone sám *(m)*, sama *(f)*
already už
also také
alternator alternátor
although ačkoliv
altogether celkem
always vždy
a.m.: at 5 a.m. v 5 hodin ráno
ambulance ambulance *(f)*
America Amerika
American americký
among mezi *(+ instr)*

amp: 13-amp 13 ampérů
ancestor předek
anchor kotva
ancient starověký
and a
angina angína
angry rozzlobený
animal zvíře *(n)*
ankle kotník
anniversary *(wedding)* výročí
annoying nepříjemný
another *(different)* jiný; *(one more)* další; **another beer** ještě jedno pivo
answer odpověď *(f)*
answer *(verb)* odpovědět
ant mravenec
antibiotic antibiotikum *(n)*
antifreeze nemrznoucí směs *(f)*
antihistamine antihistamin
antique starožitnost *(f)*
antique shop starožitnosti *(pl)*
antiseptic antiseptikum *(n)*
any: have you got any butter/bananas? máte nějaké máslo/banány; **I don't have any** nemám žádné
anyway stejně
apartment byt
aperitif aperitiv
apologize omluvit
appalling děsivý
appendicitis zánět slepého střeva
appetite chuť *(f)*
apple jablko
apple pie jablkový koláč
appointment schůzka
apricot meruňka
April duben

archaeology archeologie *(f)*
area oblast *(f)*
arm paže *(f)*
arrest zatknout
arrival příjezd
arrive přijet
art umění
art gallery galerie *(f)*
artificial umělý
artist umělec
as *(since)* protože; **as beautiful as** krásný jako
ashamed zahanbený
ashtray popelník
ask žádat
asleep: he/she's asleep spí
asparagus chřest
aspirin aspirin
asthma astma
astonishing udivující
at: at the station na nádraží; **at Václav's** u Václava; **at 3 o'clock** ve 3 hodiny
attractive atraktivní
aubergine lilek jedlý
audience publikum *(n)*
August srpen
aunt teta
Austerlitz Slavkov
Australia Austrálie *(f)*
Australian australský
Austria Rakousko
Austrian rakouský
automatic automatický
autumn podzim
awake vzhůru
awful hrozný
axe sekera
axle náprava

B

baby děťátko
bachelor starý mládenec
back zadní část *(f)*; *(of body)*
  záda; **the back wheel/seat**
  zadní kolo/sedadlo
backpack krosna
bacon anglická slanina
bad špatný
badly špatně
bag taška; *(suitcase)* kufr
baggage check *(US)*
  úschovna zavazadel
bake péct
baker pekařství
balcony balkón
bald plešatý
ball *(large)* balón; *(small)*
  míček
banana banán
bandage obvaz
bank banka
bar bar
barber holič
barmaid barmanka
barman barman
basement sklep
basket koš
bath koupel *(f)*
bathing cap koupací čepice
  (f)
bathroom koupelna
bath salts sůl do koupele *(f)*
bathtub vana
battery baterie *(f)*
be být; *(see grammar)*
beach pláž *(f)*
beans fazole; **green beans**
  zelené fazole
beard bradka

beautiful krásný
because protože; **because of**
  kvůli *(+ dat)*
become stát se
bed postel *(f)*; **single/double
  bed** lůžko/dvoulůžko; **go
  to bed** jít spát
bed linen ložní prádlo
bedroom ložnice *(f)*
bee včela
beef hovězí
beer pivo
before před *(+ instr)*
begin začít
beginner začátečník
beginning začátek
behind za *(+ instr)*
beige béžový
believe věřit
bell zvon; *(for door)* zvonek
belong náležet
below pod *(+ instr)*
belt pásek
bend zatáčka
best: the best nejlepší
better lepší
between mezi *(+ instr)*
bicycle kolo
big velký
bikini bikiny *(pl)*
bill účet
binding *(ski)* lyžařské vázání
bird pták
biro *(R)* kuličková tužka
birthday narozeniny *(pl)*;
  happy birthday! všechno
  nejlepší k narozeninám!
biscuit sušenka
bit: a little bit trochu
bite *(insect)* štípnutí
bite *(verb: of insect)* štípnout
bitter hořký
black černý

black and white černý a bílý
blackberry ostružina
bladder měchýř
blanket deka
bleach odbarvovač
bleed krvácet
bless: bless you! požehnej
  Pánbůh!
blind slepý
blister puchýř
blocked ucpaný
blond blond
blood krev (f)
blood group krevní skupina
blouse halenka
blow-dry foukaná
blue modrý
boarding pass palubní
  vstupenka
boat loď (f)
body tělo
Bohemia Čechy
Bohemian (adjective) český
boil vařit
bolt zástrčka zámku
bolt (verb) zavřít na zástrčku
bomb bomba
bone kost; (in fish) rybí
  kůstky (pl)
bonnet (car) kapota
book kniha
book (verb) rezervovat
bookshop knihkupectví
boot (shoe) bota; (car)
  zavazadlový prostor
border hranice (f)
boring nudný
born: I was born in 1963
  narodil jsem se v roce 1963
borrow půjčit si
boss šéf
both: both of them oba dva
  (m pl), obě dvě (f/n pl)

bottle láhev (f)
bottle-opener otvírák
bottom dno; (of body)
  zadek; **at the bottom of** na
  dně
bowl miska
box krabice (f)
box office pokladna
boy chlapec
boyfriend přítel
bra podprsenka
bracelet náramek
brake brzda
brake (verb) brzdit
brandy koňak
brave statečný
bread chléb;
  white/wholemeal bread
  bílý/celozrnný chléb
break zlomit
break down zhroutit se
breakdown (car) porucha;
  (nervous) zhroucení
breakfast snídaně (f)
breast prs
breastfeed kojit
breathe dýchat
brick cihla
bridge (over river) most
briefcase aktovka
bring přinést
Britain Velká Británie (f)
British britský
brochure brožura
broke: I'm broke jsem bez
  peněz
broken zlomený
brooch brož (f)
broom koště (n)
brother bratr
brother-in-law švagr
brown hnědý
bruise modřina

brush *(clothes, shoes)* kartáč;
  (painting wall etc) štětka;
  (artist's) štětec
Brussels sprouts růžičková
  kapusta
Budweis *(beer)* Budvar
bucket vědro
building budova
bulb *(light)* žárovka
bumper nárazník
bunk beds patrové postele
burn spálenina
burn *(verb: bonfire)* hořet;
  (sensation) pálit
bus autobus
business obchod
business trip obchodní cesta
bus station autobusové
  nádraží
bus stop autobusová
  zastávka
busy zaneprázdněný
but ale
butcher řeznictví
butter máslo
butterfly motýl
button knoflík
buy koupit
by *(beside)* u *(+ gen)*; **by car**
  autem

cabbage zelí
cabin *(ship)* kabina
cable car lanovka
café kavárna
cake dort
cake shop cukrárna
calculator kalkulačka
calendar kalendář

call volat
calm down uklidnit se
Calor gas *(R)* butan
camera *(still)* fotoaparát;
  (movie) kamera
campbed polní lůžko
camping táboření
campsite tábořiště *(n)*
can konzerva
can: I/she can já mohu/ona
  může; **can you ...?**
  můžete ...?
Canada Kanada
Canadian kanadský
canal kanál
cancel zrušit
candle svíčka
canoe kanoe *(f)*
cap čepice *(f)*
capitalism kapitalismus
captain kapitán
car auto
caravan obytný přívěs
caravan site kemp pro
  přívěsy
carburettor karburátor
card karta; *(business)*
  navštívenka
cardboard karton
cardigan pletená zapínací
  vesta
care: take care of starat se o
  (+ acc)
careful opatrný; **be careful!**
  buďte opatrný!
Carlsbad Karlovy Vary *(pl)*
car park parkoviště *(n)*
carpet koberec
car rental pronájem
  automobilů
carriage vagón
carrot mrkev *(f)*
carry nést

cash: pay cash platit v hotovosti
cash desk pokladna
cash dispenser bankovní automat
cassette kazeta
cassette player kazetový magnetofon
castle zámek
cat kočka
catch chytnout
cathedral katedrála
Catholic katolický
cauliflower květák
cause příčina
cave jeskyně (f)
ceiling strop
cemetery hřbitov
centigrade stostupňový
central heating ústřední topení
centre střed
century století
certificate potvrzení
chain řetěz
chair židle (f)
chairlift sedačkový výtah
chambermaid pokojská
chance: by chance náhodou
change (small) drobné
change (verb) změnit; (clothes) převlékat se; (trains) přesedat
changeable (weather) proměnlivý
charter flight speciál
cheap levný
check (verb) kontrolovat
check-in odbavení na letišti
cheers! na zdraví!
cheese sýr
chemist lékárna
cheque šek

cheque book šeková knížka
cheque card bankovní průkaz majitele konta (n)
cherry třešeň (f)
chest hruď (f)
chestnut kaštan
chewing gum žvýkačka
chicken (bird) kuře; (meat) kuřecí maso
child dítě (n)
children's portion dětská porce (f)
chin brada
chips hranolky; (US) lupínky
chocolate čokoláda; **milk chocolate** mléčná čokoláda; **plain chocolate** hořká čokoláda; **hot chocolate** čokoláda
choke (on car) sytič
choose vybrat
chop (meat) kotleta
Christian name křestní jméno
Christmas vánoce (pl)
church kostel
cider kvašený jablečný mošt
cigar doutník
cigarette cigareta
cinema kino
city město
city centre střed města
class třída; **second class** druhá třída
classical music klasická hudba
clean (adjective) čistý
clean (verb) čistit
cleansing cream pleťový čisticí krém
clear (obvious) jasný
clever chytrý
cliff útes

climate podnebí
cloakroom *(coats)* šatna
clock hodiny *(pl)*
close *(verb)* zavřít
closed zavřeno
closet *(US)* skříň s policemi
clothes šaty
clothes peg kolík na prádlo
cloud mrak
cloudy zamračeno
club klub
clutch spojka
coach autobus
coat kabát
coathanger ramínko na šaty
cockroach šváb
cocktail koktail
cocoa kakao
coffee káva; **white coffee** bílá káva
cold *(to touch)* studený; **I've got a cold** jsem nachlazený
cold cream pleťový krém
collar límec
collect call hovor na účet volaného
collection sbírka
colour barva
colour film barevný film
comb hřeben
come přijít; **come back** vrátit se; **come in!** vstupte!
comfortable pohodlný
communism komunismus
compact disc kompaktní disk
company společnost *(f)*
compartment oddělení
compass kompas
complain stěžovat si
complicated komplikovaný
compliment kompliment
computer počítač
concert koncert

conditioner vlasový regenerátor
condom prezervativ
confirm potvrdit
congratulations! blahopřeji
connection spoj
constipation zácpa
consulate konzulát
contact *(verb)* kontaktovat
contact lenses kontaktní čočky
contraceptive antikoncepční prostředek
cook kuchař
cook *(verb)* vařit
cooker vařič
cooking utensils kuchařské náčiní
cool chladný
corkscrew vývrtka
corner roh
correct správný
corridor chodba
cosmetics kosmetika
cost stát
cot dětská postýlka
cotton bavlna
cotton wool vata
couchette lehátkový vůz
cough kašel
cough *(verb)* kašlat
country venkov
countryside krajina
course: of course samozřejmě
cousin bratranec *(m)*, sestřenice *(f)*
cow kráva
crab krab
crafts řemesla
cramp křeč
crankshaft klikový hřídel
crash srážka

cream krém
credit card úvěrová karta
crew posádka
crisps lupínky
crockery nádobí
cross *(verb)* přejít
crowd dav
crowded přeplněno lidmi
cruise zábavní plavba
crutches berle
cry plakat
crystal křišťálové sklo
cucumber okurka
cup šálek
cupboard skříň s policemi
curry kari *(n)*
curtain *(window)* záclona
custom zvyk
customs clo
customs *(adjective)* celní
cut *(verb)* říznout
cutlery příbory
cycling cyklistika
cyclist cyklista *(m)*
cylinder head gasket
 těsnění hlavy válce
Czech český
Czech girl/woman Češka
Czech man Čech
Czechoslovakia
 Československo

dad tatínek
damage *(verb)* poškodit
damp vlhký
dance *(verb)* tancovat
danger nebezpečí
dangerous nebezpečný
Danube Dunaj

dare odvážit se
dark tmavý
dashboard přístrojová deska
date *(time)* datum *(n)*
daughter dcera
daughter-in-law snacha
day den; **the day before
 yesterday** předevčírem;
 the day after tomorrow
 pozítří
dead mrtvý
deaf hluchý
dear drahý
death smrt
decaffeinated bez kofeinu
December prosinec
decide rozhodnout se
deck paluba
deck chair lodní lehátko
deep hluboký
delay zpozdit
deliberately záměrně
delicious lahodný
demand žádat
dentist dentista *(m)*
dentures zubní protéza
deodorant deodorant
department store obchodní
 dům
departure odjezd
depend: it depends to záleží
depressed deprimovaný
dessert dezert
develop rozvinout
device přístroj
diabetic diabetický
dialect dialekt
dialling code předčíslí
diamond diamant
diarrhoea průjem
diary deník
dictionary slovník
die zemřít

diesel *(fuel)* motorová nafta
diet dieta
different odlišný
difficult obtížný
dining car jídelní vůz
dining room jídelna
dinner *(evening meal)* večeře
   (f); **have dinner** večeřet
direct přímý
direction směr
directory enquiries
   telefonní informace
dirty špinavý
disabled invalidní
disappear zmizet
disappointed zklamaný
disaster katastrofa
disco diskotéka
disease nemoc
disgusting nechutný
disinfectant dezinfekční
   prostředek
distance vzdálenost *(f)*
distributor rozdělovač
district *(in town)* obvod
disturb vyrušit
dive potopit se
divorced rozvedený
do dělat; **that'll do nicely** to
   bude úplně stačit
doctor doktor
document doklad
dog pes
doll panenka
dollar dolar
donkey osel
door dveře *(pl)*
double dvojitý
down: I feel a bit down jsem
   trochu deprimovaný; **down
   there** tam dole
downstairs v přízemí
draught průvan

dream sen
dress šaty *(pl)*
dress *(someone)* oblékat;
   (oneself) oblékat se
dressing gown župan
drink nápoj
drink *(verb)* pít
drinking water pitná voda
drive řídit
driver řidič
driving licence řidičský
   průkaz
drop kapka
drop *(verb)* kapat
drug *(narcotic)* droga
drugstore lékárna
drunk opilý
dry suchý
dry *(verb)* sušit
dry-cleaner chemická
   čistírna
duck kachna
durex *(R)* prezervativ
during během *(+ gen)*
dustbin popelnice *(f)*
duty-free bezcelný
duty-free shop duty free
   shop

each každý
ear ucho
early časně; **too early** příliš
   časně
earrings naušnice *(f)*
earth země *(f)*
east východ; **east of** na
   východ od *(+ gen)*
Easter velikonoce *(pl)*

Eastern Europe Východní
Evropa
easy snadný
eat jíst
economy ekonomie *(f)*
egg vejce *(n)*; **boiled egg**
vařené vejce; **hard-boiled
egg** vejce natvrdo
egg cup kalíšek na vejce
either ... or ... buď ... nebo ...
elastic *(adjective)* elastický
Elastoplast *(R)* leukoplast *(f)*
elbow loket
electric elektrický
electricity elektřina
elevator výtah
else: something else něco
jiného
elsewhere jinde
embarrassing trapný
embassy velvyslanectví
emergency naléhavý případ
emergency exit nouzový
východ
empty prázdný
end konec
engaged *(toilet, phone)*
obsazeno; *(to be married)*
zasnoubený
engine motor; *(train)*
lokomotiva
England Anglie *(f)*
English anglický; **the
English** Angličané
English girl/woman
Angličanka
Englishman Angličan
enlargement zvětšení
enough dost; **that's enough**
to stačí
enter vejít
entrance vchod
envelope obálka

epileptic epileptický
especially zejména
Eurocheque eurošek
Europe Evropa
European evropský
even: even men/if dokonce i
lidé/když; **even more
beautiful** dokonce ještě
krásnější
evening večer; **good
evening** dobrý večer
every time
pokaždé; **every day** každý
den
everyone každý člověk
everything všechno
everywhere všude
exaggerate přehánět
example příklad; **for
example** například
excellent skvělý
except kromě *(+ gen)*
excess baggage nadváha
exchange vyměnit
exchange rate devizový kurs
exciting vzrušující
excuse me! *(to get past)* s
dovolením!; *(to get attention)*
promiňte!
exhaust výfuk
exhibition výstava
exit východ
expensive drahý
explain vysvětlit
extension lead
prodlužovačka
eye oko
eyebrow obočí
eyeliner maskara
eye shadow oční stín

face tvář
factory továrna
faint *(verb)* omdlít
fair *(funfair)* pouť *(f)*
fair *(adjective)* spravedlivý
fall spadnout
false falešný
family rodina
famous slavný
fan ventilátor
fan belt řemen ventilátoru
far (away) daleko
farm statek
farmer zemědělec
fashion móda
fashionable módní
fast rychlý
fat *(on meat)* sádlo
fat *(adjective)* tlustý
father otec
father-in-law tchán
faucet *(US)* kohoutek
fault: it's my/his fault to je
   moje/jeho chyba
faulty pokažený
favourite oblíbený
fear strach
February únor
fed up: I'm fed up (with) ...
   mám dost ...
feel: I feel well/unwell
   cítím se dobře/necítím se
   dobře; **I feel like ...** chce se
   mi ...
feeling pocit
felt-tip pen fix
feminist *(woman)* feministka
fence plot
ferry trajekt; *(small)* přívoz

fever horečka
few: few tourists málo
   turistů; **a few** několik *(+
   gen)*
fiancé snoubenec
fiancée snoubenka
field pole *(n)*
fight rvačka
fight *(verb)* prát se
fill naplnit
fillet filé *(n)*
filling *(tooth)* plomba
film film
filter filtr
find najít
fine pokuta
fine *(weather)* pěkný
finger prst
fingernail nehet
finish končit
fire oheň; *(blaze)* požár
fire brigade požární útvar
fire extinguisher hasicí
   přístroj
fireworks ohňostroj
first první; *(firstly)* za prvé
first class první třída
first floor první poschodí
first name jméno
first aid první pomoc *(f)*
fish ryba
fishing rybaření
fishmonger rybárna
fit *(healthy)* ve formě
fizzy šumivý
flag prapor
flash záblesk
flat *(appartment)* byt
flat *(level)* plochý; **flat tyre**
   splasklá pneumatika
flavour chuť *(f)*
flea blecha
flight let

flirt flirt
floor *(of room)* podlaha; *(storey)* poschodí
florist květinář *(m)*
flour mouka
flower květina
flu chřipka
fly moucha
fly *(verb)* letět
fog mlha
folk music lidová hudba
follow sledovat
food jídlo
food poisoning otrava jídlem
foot chodidlo; **on foot** pěšky
football kopací míč
for pro *(+ acc)*
forbidden zakázaný
forehead čelo
foreign cizí
foreigner cizinec
forest les
forget zapomenout
fork vidlička; *(in road)* rozcestí
form formulář
fortnight čtrnáct dní
fortunately naštěstí
forward *(mail)* poslat za adresátem
foundation cream podkladový krém
fountain fontána
fracture zlomenina
free svobodný; *(of charge)* bezplatný
free market volný trh
freeze mrznout
freezer mraznička
French fries hranolky
fresh čerstvý
Friday pátek

fridge lednička
friend přítel
from: from Prague to London z Prahy do Londýna
front *(part)* předek; **in front of** před *(+ instr)*
frost mráz
frozen *(food)* mražený
fruit ovoce *(n)*
fry smažit
frying pan pánev *(f)*
full plný
full board plná penze *(f)*
fun: have fun bavit se
funeral pohřeb
funnel *(for pouring)* nálevka
funny *(amusing)* legrační; *(strange)* divný
furious zuřivý
furniture nábytek
further dále
fuse pojistka
future budoucnost *(f)*

game *(to play)* hra; *(meat)* zvěřina
garage *(shelter)* garáž *(f)*; *(repair)* opravna automobilů
garden zahrada
garlic česnek
gas plyn; *(US)* benzín
gas permeable lenses gelové kontaktní čočky
gate *(airport)* východ
gauge měřidlo
gay homosexuál
gear rychlost
gearbox převodovka

ENGLISH-CZECH

gear lever řadící páka
gentleman pán
gents *(toilet)* páni; muži
genuine ryzí
German německý
Germany Německo
get dostat
get: can you tell me how to get to ...? můžete mi říci jak se dostanu do ... *(+ gen)*; **get back** *(return)* vrátit se; **get in** *(car)* nastoupit; **get off** vystoupit; **get up** vstát; **get out!** vypadněte
Giant Mountains Krkonoše
gin gin
girl dívka
girlfriend přítelkyně *(f)*
give dávat; **give back** vrátit
glad rád
glass sklo
glasses brýle
gloves rukavice
glue lepidlo
go jít; **go in** vejít; **go out** odejít; **go down** sejít; **go up** jít nahoru; **go through** projít; **go away** odejít; **go away!** jděte pryč!
goat koza
God Bůh
gold zlato
golf golf
good dobrý; **good!** dobře
goodbye nashledanou
goose husa
got: have you got ...? máte ... ?
government vláda
grammar gramatika
grandfather dědeček
grandmother babička
grapefruit grapefruit

grapes hrozny
grass tráva
grateful vděčný
greasy mastný
green zelený
greengrocer obchod se zeleninou a ovocem
grey šedý
grilled grilovaný
grocer obchod s potravinami
ground floor přízemí
group skupina
guarantee záruka
guest host
guesthouse penzión
guide(book) průvodce *(m)*
guitar kytara
gun pistole *(f)*; *(rifle)* puška

H

habit zvyk
hail *(ice)* kroupy *(pl)*
hair vlasy
haircut ostříhání
hairdresser kadeřník
hair dryer vysoušeč vlasů
hair spray lak na vlasy
half půl; **half a litre/day** půl litru/denně; **half an hour** půl hodiny
half board polopenze *(f)*
ham šunka
hamburger hamburger
hammer kladivo
hand ruka
handbag kabelka
handbrake ruční brzda
handkerchief kapesník
handle držadlo

hand luggage příruční zavazadlo
handsome hezký
hanger věšák
hangover kocovina
happen přihodit se
happy šťastný; **happy birthday!** všechno nejlepší k narozeninám!; **happy Christmas!** veselé vánoce!; **happy New Year!** šťastný Nový rok!
hard tvrdý
hard lenses tvrdé kontaktní čočky
hat klobouk
hate nenávidět
have mít; **I have to ...** musím ...
hay fever senná rýma
hazelnut lískový ořech
he on
head hlava
headache bolest hlavy (f)
headlights přední světla
health zdraví
healthy zdravý
hear slyšet
hearing aid naslouchátko
heart srdce (n)
heart attack infarkt
heat horko
heater přenosná kamínka (pl)
heating topení
heavy těžký
heel podpatek
helicopter helikoptéra
hello dobrý den
help pomoc; **help!** pomoc!
help (verb) pomáhat
her (possessive) její; (object) ji; (see grammar)
herbs byliny

here zde; **here is/are** zde je/jsou
hers její
hiccups škytavka
hide schovat
high vysoký
High Tatras Vysoké Tatry
highway code pravidla silničního provozu (pl)
hill pahorek
him (direct) jeho; (indirect) jemu; (see grammar)
hip bok
hire: for hire k pronajmutí
his jeho; **it's his** to je jeho
history historie (f)
hit udeřit
hitchhike stopovat
hitchhiking stopování
hobby hobby (n)
hold držet
hole díra
holiday prázdniny (pl); (public) státní svátek; **summer holidays** letní prázdniny
home: at home doma; **go home** jít domů
homemade domácí
homesick: I'm homesick stýská se mi po domově
honest čestný
honey med
honeymoon líbánky (pl)
hood (US: car) kapota
hoover (R) vysavač
hope doufat
horn houkačka
horrible strašný
horse kůň
horse riding jízda na koni
hospital nemocnice (f)
hospitality pohostinnost (f)

hot horký; *(to taste)* pálivý
hotel hotel
hot-water bottle termofor
hour hodina
house dům
house wine domácí víno
how? jak?; **how are you?**
(pl/pol) jak se máte?; **how
are things?** jak to jde?; **how
many?** kolik?
humour humor
Hungarian *(adjective)*
maďarský
Hungary Maďarsko
hungry: I'm hungry mám
hlad
hurry *(verb)* spěchat; **hurry
up!** spěchej!
hurt: it hurts to mě bolí
husband manžel

I já
ice led
ice cream zmrzlina
ice lolly nanuk
idea myšlenka
idiot idiot
if jestli
ignition zapalování
ill nemocný
immediately okamžitě
important důležitý
impossible nemožný
improve zlepšit
in v *(+ loc)*; **in 1945** v roce
1945; **is he in?** je tady?; **in
London** v Londýně; **in
Czechoslovakia** ve

Československu; **in English**
anglicky
included obsažený
incredible neuvěřitelný
independent nezávislý
indicator *(car)* blinkr
indigestion špatné trávení
industry průmysl
infection infekce *(f)*
information informace *(f)*
information desk informační
kancelář *(f)*
injection injekce *(f)*
injured zraněný
inner tube duše pneumatiky
(f)
innocent nevinný
insect hmyz
insect repellent repelent
inside vevnitř
insomnia nespavost *(f)*
instant coffee instantní káva
instructor instruktor
insurance pojištění
intelligent inteligentní
interesting zajímavý
introduce představit
invitation pozvání
invite pozvat
Ireland Irsko
Irish irský
iron *(metal)* železo; *(for
clothes)* žehlička
iron *(verb)* žehlit
ironmonger železářství
island ostrov
it to; **it is ...** to je ...
itch svědět
IUD nitroděložní tělisko

ENGLISH-CZECH

jack *(car)* zvedák
jacket sako
jam džem
January leden
jaw čelist *(f)*
jazz džez
jealous žárlivý
jeans džínsy *(pl)*
jeweller klenotnictví
jewellery klenoty *(pl)*
Jewish židovský
job zaměstnání
jogging kondiční běh; **go jogging** chodit kondičně běhat
joint *(to smoke)* cigareta z marihuany
joke žert
journey cesta
jug džbán
juice šťáva
July červenec
jump skočit
jumper svetr
junction *(road)* křižovatka
June červen
just: **just two** jen dva

keep držet
kettle konvice *(f)*
key klíč
kidneys ledviny; *(to eat)* ledvinky
kill zabít
kilo kilo

kilometre kilometr
kind laskavý
king král
kiss polibek
kiss *(verb)* políbit
kitchen kuchyň *(f)*
knee koleno
knife nůž
knit plést
knock over *(of car etc)* porazit
know vědět
know *(person)* znát; **I don't know** nevím

label nálepka
ladder žebřík
ladies (room) dámy; ženy
lady dáma
lager ležák
lake jezero
lamb jehně *(n)*
lamp lampa
land *(verb)* přistát
landscape krajina
language jazyk
language school jazyková škola
large velký
last poslední; **at last** konečně; **last year** vloni
late pozdě; **arrive/be late** opozdit se
laugh smát se
launderette veřejná prádelna
laundry *(to wash)* prádlo; *(place)* prádelna
law zákon
lawn trávník
lawyer právník

ENGLISH-CZECH

laxative projímadlo
lazy líný
leaf list
leaflet leták
leak únik
learn učit se
least: at least při nejmenším
leather kůže *(f)*
leave *(abandon)* opustit; *(go away)* odejít; *(forget)* zapomenout
left levý; **on the left of** nalevo od *(+ gen)*
left-handed levák
left luggage úschovna zavazadel
leg noha
lemon citron
lemonade limonáda
lemon tea čaj s citrónem
lend půjčit
length délka
lens objektiv
less méně
Lesser Town Malá Strana
lesson lekce
let *(allow)* dovolit
letter dopis
letterbox schránka
lettuce salát
level crossing úrovňová křižovatka
library knihovna
licence povolení
lid víko
lie *(say untruth)* lhát
lie down lehnout si
life život
lift *(elevator)* výtah; **give a lift to** svézt
light *(in room)* světlo; *(on car)* reflektor; **have you got a light?** máte oheň?

light *(adjective)* lehký; **light blue** světle modrý
light *(verb)* zapálit
light bulb rozsvítit
lighter zapalovač
lighthouse maják
light meter expozimetr
like mít rád; **I would like** rád bych
like *(as)* jako
lip ret
lipstick rtěnka.
liqueur likér
list seznam
listen (to) poslouchat
litre litr
litter odpadky *(pl)*
little malý; **a little bit (of)** trochu *(+ gen)*
live *(in town etc)* bydlet
liver játra *(pl)*
living room obývací pokoj
lobster humr
lock zámek
lock *(verb)* zamknout
lollipop lízátko
London Londýn
long dlouhý; **a long time** dlouho
look: look (at) podívat se na *(+ acc)*; **look (like)** vypadat (jako); **look for** hledat; **look out!** pozor!
lorry nákladní auto
lose ztratit
lost property office ztráty a nálezy *(pl)*
lot: a lot (of) spousta *(+ gen)*
loud hlasitý
lounge hala
love láska; **make love** milovat se
love *(verb)* milovat

71

lovely rozkošný
low nízký
Low Tatras Nízké Tatry
luck štěstí; **good luck!**
 mnoho štěstí!
luggage zavazadla *(pl)*
lukewarm vlažný
lunch oběd
lungs plíce

macho mužný
mad bláznivý
Madam paní
magazine časopis
maiden name dívčí jméno
mail pošta
main hlavní
make udělat
make-up make-up
male chauvinist pig mužský
 šovinista *(m)*
man člověk
manager provozní ředitel
many mnoho
map mapa; *(of town)* plán
March březen
margarine margarín
Marienbad Mariánské Lázně
 (pl)
market trh
marmalade marmeláda
married ženatý *(m)*, vdaná *(f)*
mascara maskara
mass mše *(f)*
match *(light)* zápalka; *(sport)*
 zápas
material látka
matter: it doesn't matter na
 tom nezáleží

mattress matrace *(f)*
May květen
maybe možná
mayonnaise majonéza
me: for me pro mě; **me too**
 já také; *(see grammar)*
meal jídlo; **enjoy your meal!**
 dobrou chuť'!
mean *(verb)* znamenat
measles spalničky
German measles zarděnky
meat maso
mechanic mechanik
medicine *(drug)* lék
medium *(steak)* mírně
 propečený
medium-sized středně velký
meet potkat
meeting schůze *(f)*
melon meloun
mend opravit
men's room *(US)* páni; muži
menu jídelní lístek; **set menu**
 menu
mess nepořádek
message zpráva
metal kov
metre metr
midday poledne *(n)*
middle střed
midnight půlnoc *(f)*
milk mléko
minced meat sekané maso
mind: do you mind if I ...?
 vadilo by vám, kdybych ...?
mine: it's mine to je moje;
 (see grammar)
mineral water minerálka
minute minuta
mirror zrcadlo
Miss slečna
miss *(train etc)* zmeškat; **I
 miss you** chybíte mi

mistake chyba
misunderstanding nedorozumění
mix míchat
modern moderní
moisturizer hydratační krém
Moldau *(river)* Vltava
Monday pondělí
money peníze *(pl)*
month měsíc
monument památník
mood nálada
moon měsíc
moped moped
Moravia Morava
Moravian moravský
Moravian girl/woman Moravanka
Moravian man Moravan
more více; **no more ...** žádné další ...
morning ráno; **good morning** dobré ráno
mosquito komár
most (of) většina z *(+ gen)*
mother matka
mother-in-law tchyně *(f)*
motorbike motocykl
motorboat motorový člun
motorway dálnice *(f)*
mountain hora
mouse myš *(f)*
moustache knír
mouth ústa *(pl)*
move *(change position)* hýbat
movie film
movie theater *(US)* kino
Mr pan
Mrs paní
much mnoho *(+ gen)*; **not much time** málo času
mum maminka
muscle sval

museum muzeum *(n)*
mushrooms houby
music hudba
music festival hudební festival
musical instrument hudební nástroj
must: I/she must já musím; ona musí; **you must not ...** nesmíš ...
mustard hořčice *(f)*
my můj *(m)*, moje *(f/n)*; *(see grammar)*

nail *(in wall)* hřebík
nail clippers cvakací kleštičky na nehty
nailfile pilník na nehty
nail polish lak na nehty
nail polish remover odlakovač
naked nahý
name jméno; **what's your name?** jak se jmenujete?; **my name is Jim** jmenuji se Jim
napkin ubrousek
nappy plenka
narrow úzký
nationality národnost *(f)*
natural přirozený
nature příroda
near blízko *(+ gen)*; **near here** tady blízko; **the nearest ...** nejbližší ...
nearly téměř
necessary nezbytný
neck krk
necklace náhrdelník

need: I need ... potřebuji ...
needle jehla
negative *(film)* negativ
neighbour soused
neither ... nor ... ani ... ani ...
nephew synovec
nervous nervózní
neurotic neurotický
never nikdy
new nový; *(brand-new)* zbrusu nový
news zprávy
newsagent noviny-časopisy *(pl)*
newspaper noviny *(pl)*
New Year Nový rok
New Year's Eve Silvestr
next příští; *(following)* další; **next to** vedle *(+ gen)*; **next year** příští rok
nice *(person)* milý; *(place)* pěkný; *(food)* dobrý
nickname přezdívka
niece neteř *(f)*
night noc; **good night** dobrou noc
nightclub noční klub
nightdress noční košile *(f)*
nightmare noční můra
no ne; **no ... zákaz ...**
nobody nikdo
noise hluk
noisy hlučný
non-smoking nekuřácký
normal normální
north sever; **north of** na sever od *(+ gen)*
Northern Ireland Severní Irsko
nose nos
not ne; **I'm not tired** nejsem unaven
note *(money)* bankovka

notebook zápisník
nothing nic
novel román
November listopad
now nyní
nowhere nikde
number *(house, phone)* číslo
number plate státní poznávací značka
nurse střední zdravotnický pracovník *(m)*; zdravotní sestra *(f)*
nut *(to eat)* ořech; *(for bolt)* matice *(f)*

obnoxious nepřístojný
obvious zjevný
October říjen
of z *(+ gen)*
off *(lights)* zhasnuto
offend urazit
offer *(verb)* nabídnout
office kancelář *(f)*
off-licence prodej lihovin
often často
oil olej
ointment mast *(f)*
OK v pořádku
old starý; **how old are you?** jak jste starý?; **I'm 25 years old** je mi 25 let
Old Town Staré Město
old-age pensioner starobní důchodce *(m)*
olive oliva
olive oil olivový olej
omelette omeleta
on na *(+ loc)*; *(lights)* rozsvíceno

once jednou
one jeden *(m)*, jedna *(f)*, jedno *(n)*; *(see grammar)*
onion cibule *(f)*
only jenom
open *(adjective)* otevřený
open *(verb)* otevřít
opera opera
operation operace *(f)*
opposite proti *(+ dat)*
optician optik
optimistic optimistický
or nebo
orange *(fruit)* pomeranč
orange *(colour)* oranžový
orchestra orchestr
order nařídit
organize organizovat
other jiný
otherwise jinak
our(s) náš *(m)*, naše *(f/n)*; *(see grammar)*; **it's ours** to je naše
out: **she's out** šla ven
outside venku
oven kamna *(n)*
over *(above)* nad *(+ instr)*; *(finished)* skončeno
over there tamhle
overdone *(steak etc)* příliš upečený
overtake předjet
own: **his/her own key** jeho/její vlastní klíč
owner majitel

pack *(verb)* balit
package balík
package tour organizovaný turistický zájezd
packed lunch balíček s obědem
packet *(of cigarettes etc)* krabička
page strana
pain bolest *(f)*
painful bolestivý
painkiller lék proti bolesti
paint *(verb)* malovat
paint brush štětka
painting malba
pair pár
palace palác
pancake palačinka
panic panika
panties kalhotky
pants *(US)* kalhoty
paper papír
parcel balík
pardon? prosím?
parents rodiče
park park
park *(verb)* parkovat
parking lot *(US)* parkoviště *(n)*
part část *(f)*
party *(celebration)* oslava; *(group)* skupina
pass *(mountain)* průsmyk
passenger pasažér
passport cestovní pas
pasta italské těstoviny *(pl)*
pâté paštika
path pěšina
pavement chodník
pay platit
peach broskev *(f)*
peanuts burské oříšky
pear hruška
peas hrášek *(sing)*
pedal pedál

pedestrian chodec
pedestrian crossing přechod
 pro chodce
pedestrian precinct pěší
 zóna
pen pero
pencil tužka
pencil sharpener ořezávátko
penicillin penicilin
penis penis
penknife perořízek
people lidé
pepper *(spice)* pepř; *(vegetable)*
 paprikový lusk
per: per week za týden
per cent procento
perfect perfektní
perfume parfém
period období; *(woman's)*
 menstruace *(f)*
perm trvalá
person osoba
petrol benzín
petrol station benzínová
 stanice *(f)*
phone *(verb)* telefonovat
phone book telefonní
 seznam
phone box telefonní budka
phone number telefonní
 číslo
photograph fotografie *(f)*
photograph *(verb)*
 fotografovat
photographer fotograf
phrase book konverzační
 příručka
pickpocket kapesní zloděj
picnic piknik
pie pokrm zapečený v těstě
piece kus
pig prase *(n)*
piles hemoroidy

pill pilulka
pillow polštář
pilot pilot
Pilsen Plzeň *(f)*
pin špendlík
pineapple ananas
pink růžový
pipe trubka; *(to smoke)* dýmka
pity: it's a pity to je škoda
pizza pizza
plane letadlo
plant rostlina
plastic umělá hmota
plastic bag taška z umělé
 hmoty
plate talíř
platform *(station)* nástupiště
 (n)
play *(theatre)* hra
play *(verb)* hrát
pleasant příjemný
please prosím
pleased potěšený; **pleased
 to meet you!** těší mě!
pliers kleště *(pl)*
plug *(electrical)* zástrčka; *(in
 sink)* zátka
plum švestka
plumber instalatér
p.m.: 3 p.m. 3 hodiny
 odpoledne; **11 p.m.** 11
 hodin v noci
pneumonia zápal plic
pocket kapsa
poison jed
Poland Polsko
police policie *(f)*
policeman policista *(m)*
police station policejní
 stanice *(f)*
Polish polský
polite zdvořilý
political politický

ENGLISH-CZECH

politics politika
polluted znečištěný
pond rybník
pony pony *(m)*
poor chudý
pop music populární hudba
pork vepřové maso
port *(drink)* portské víno
porter *(hotel)* nosič
possible možný
post *(verb)* poslat poštou *(f)*
postcard pohlednice *(f)*
poster plakát
poste restante poste restante
postman pošťák
post office pošta
potato brambora
poultry drůbež *(f)*
pound libra
power cut výpadek elektřiny
practical praktický
Prague Praha
Prague Castle Prašná brána
pram kočárek
prefer preferovat
pregnant těhotná
prepare připravovat
prescription recept
present *(gift)* dárek
pretty pěkný; **pretty good** moc dobré
price cena
priest kněz
prince princ
princess princezna
printed matter tiskoviny *(pl)*
prison vězení
private soukromý
private enterprise soukromé podnikání
probably asi
problem problém
programme program

prohibited zakázaný
promise *(verb)* slíbit
pronounce vyslovit
protect chránit
Protestant protestant
proud pyšný
public veřejnost *(f)*
pull táhnout
pump pumpa
puncture píchnutí
punk pank
purple fialový
purse peněženka
push tlačit
pushchair skládací dětská sedačka
put položit
pyjamas pyžamo

quality kvalita
quarter čtvrt *(f)*
quay nábřeží
queen královna
question otázka
queue fronta
queue *(verb)* čekat ve frontě
quick rychlý
quickly rychle
quiet tichý; **quiet!** ticho!
quilt peřina
quite úplně

rabbit králík
radiator radiátor
radio rádio

railway železnice *(f)*
rain déšť
rain *(verb)* pršet; **it's raining** prší
rainbow duha
raincoat plášť do deště
rape znásilnění
rare vzácný; *(steak)* krvavý
raspberry malina
rat krysa
rather spíše
raw syrový
razor břitva
razor blade žiletka
read číst
ready připravený
really opravdu
rear lights zadní světla
rearview mirror zpětné zrcátko
receipt potvrzení
receive příjmout
reception *(hotel)* recepce *(f)*
receptionist recepční *(m/f)*
recipe recept
recognize poznat
recommend doporučit
record gramofonová deska
record player gramofon
record shop obchod s gramofonovými deskami
red červený
red-headed rudovlasý
refund *(verb)* refundovat
relax uvolnit
religion náboženství
remember pamatovat; **I remember** pamatuji si
rent nájemné *(n)*
rent *(verb)* najmout
repair opravit
repeat opakovat
reservation rezervace *(f)*

reserve rezervovat
responsible odpovědný
rest *(remaining)* zbytek; *(sleep)* odpočinek; **take a rest** odpočinout si
restaurant restaurace *(f)*
restroom *(US)* toaleta
return ticket zpáteční jízdenka
reverse *(gear)* zpátečka
reverse charge call hovor na účet volaného
rheumatism revmatismus
rib žebro
rice rýže
rich bohatý; *(food)* sytý
ridiculous směšný
right *(side)* pravý; **on the right of** napravo od *(+ gen)*; *(correct)* správný
right of way přednost v jízdě
ring *(on finger)* prsten
ring *(phone)* zvonit
ripe zralý
river řeka
road cesta; *(in town)* ulice *(f)*
roadsign dopravní značka
roadworks práce na silnici *(f)*
rock skála
rock climbing horolezectví
rock music roková hudba
roll rohlík
Romania Rumunsko
roof střecha
roof rack zahrádka na automobil
room pokoj
rope provaz
rose růže *(f)*
rotten shnilý
round *(circular)* kulatý
roundabout kruhový objezd
route trasa

rowing boat veslice *(f)*
rubber kaučuk; *(eraser)* guma
rubber band gumička
rubbish odpadky *(pl)*
rucksack ruksak
rude drzý
rug koberec
ruins trosky
rum rum
run běhat

sad smutný
safe *(adjective)* bezpečný
safety pin zavírací špendlík
sailboard surf
sailing plachtění
sailing boat plachetnice *(f)*
salad salát
salad dressing přísada do
  salátu
sale prodej; *(reduced price)*
  výprodej *(f)*; for sale na
  prodej
salmon losos
salt sůl *(f)*
salty slaný
same stejný
sand písek
sandals sandály
sandwich obložený chléb
sanitary towel dámská
  vložka
sardine sardinka
Saturday sobota
sauce omáčka
saucepan pánev s držadlem
  (f)
saucer talířek
sauna sauna

sausage párek
savoury pikantní
say říct
scarf šátek
scenery scenérie *(f)*
school škola
science věda
scissors nůžky
Scotland Skotsko
Scottish skotský
scrambled eggs míchaná
  vajíčka
scream křičet
screw šroub
screwdriver šroubovák
sea moře *(n)*
seafood pokrmy z moře
season období; in the high
  season v plné sezóně
seat sedadlo; *(place)* místo
seat belt bezpečnostní pás
second *(in time)* sekunda
second-hand z druhé ruky
secret tajný
see vidět; see you
  tomorrow nashledanou
  zítra
self-service samoobsluha
self-catering flat/cottage
  byt/chata bez stravování
sell prodávat
sellotape *(R)* izolepa
send poslat
sensible rozumný
sensitive citlivý
separate oddělený
separately odděleně
September září
serious vážný
serve sloužit
service služba
service charge přirážka za
  obsluhu

serviette ubrousek
several několik *(+ gen)*
sew šít
sex sex
sexist zastánce nadřazenosti mužů
sexy sexy
shade stín; **in the shade** ve stínu
shampoo šampón
share *(verb)* dělit se
shave holit
shaving brush štětka na holení
shaving foam pěna na holení
she ona
sheep ovce *(f)*
sheet prostěradlo
ship loď *(f)*
shirt košile *(f)*
shock šok
shock-absorber nárazník
shocking šokující
shoe laces tkaničky
shoe polish krém na boty
shoe repairer správkař
shoes boty
shop obchod
shopping nakupování; **go shopping** jít nakupovat
shopping bag nákupní taška
shopping centre nákupní středisko
short krátký
shortcut zkratka
shorts šortky
shortsighted krátkozraký
shoulder rameno
shout křičet
show *(verb)* ukázat
shower sprcha; *(rain)* přeháňka
shutter *(photo)* závěrka

shutters *(window)* okenice
shy ostýchavý
sick: I feel sick je mi špatně; **I'm going to be sick** budu zvracet
side strana
sidelights boční světla
sidewalk *(US)* chodník
sign *(verb)* podepsat
silence ticho
silk hedvábí
silver stříbro
silver foil alobal
similar podobný
simple jednoduchý
since *(time)* od *(+ gen)*
sincere upřímný
sing zpívat
single *(unmarried)* svobodný
single ticket jednoduchý lístek
sink dřez
sink *(go under)* potopit se
Sir pan
sister sestra
sister-in-law švagrová
sit down posadit se
size velikost *(f)*
ski *(verb)* lyžovat
ski boots lyžařské boty
ski slope lyžařský svah
skid smyk
skiing lyžování
ski-lift lyžařský výtah
skin kůže *(f)*
skin cleanser prostředek na čištění pleti
skin-diving sportovní potápění
skinny vyhublý
skirt sukně *(f)*
skis lyže
skull lebka

sky obloha
sleep spát
sleeper spací vagón
sleeping bag spací pytel
sleeping pill prášek na spaní
sleepy: I'm sleepy jsem ospalý
slice plátek
slide *(photo)* diapozitiv
slim štíhlý
slippers pantofle
slippery kluzký
Slovak *(adjective)* slovenský
Slovak girl/woman Slovenka
Slovak man Slovák
Slovakia Slovensko
slow pomalý
slowly pomalu
small malý
smell *(nice)* vůně *(f)*; *(bad)* zápach
smell *(verb: sense)* cítit
smile úsměv
smile *(verb)* usmívat se
smoke kouř
smoke *(verb)* kouřit
smoking *(compartment)* kuřácký
snack rychlé občerstvení
snail hlemýžď
snake had
sneeze kýchat
snore chrápat
snow sníh; it's snowing sněží
so *(big, slow etc)* tak
soaking solution namáčecí roztok
soap mýdlo
society společnost *(f)*
socket zásuvka
socks ponožky

soft měkký
soft drink nealkoholický nápoj
soft lenses měkké kontaktní čočky *(pl)*
sole *(of shoe)* podrážka
some nějaký; some wine/flour trochu vína/mouky; some biscuits několik sušenek
somebody někdo
something něco
sometimes někdy
somewhere někde
son syn
song píseň *(f)*
son-in-law zeť
soon brzy
sore: I've got a sore throat bolí mě v krku
sorry promiňte; I'm sorry je mi to líto
soup polévka
sour kyselý
south jih; south of jižně od *(+ gen)*
souvenir suvenýr
Soviet sovětský
Soviet Union Sovětský svaz
spa lázně *(pl)*
spade rýč
spanner klíč na matice
spare parts náhradní díly
spare tyre rezervní pneumatika
spark plug zapalovací svíčka
speak mluvit; do you speak ...? mluvíte ...?
speciality specialita
speed rychlost *(f)*
speed limit omezení rychlosti
speedometer tachometr

spend utratit
spice koření
spider pavouk
spinach špenát
spoke paprsek
spoon lžíce *(f)*
sport sport
spot *(on skin)* pupínek
sprain: I've sprained my ankle mám výron v kotníku
spring *(season)* jaro; *(in seat etc)* pružina
square *(in town)* náměstí
stain skvrna
stairs schody
stamp *(post)* známka
stand: I can't stand cheese nesnáším sýr
star hvězda
starter *(food)* předkrm
state stát
state-run státní
station nádraží
stationer papírnictví
stay pobyt
stay *(remain)* zůstat; *(in hotel etc)* bydlet
steak biftek
steal krást
steep prudký
steering řízení
steering wheel volant
stepfather nevlastní otec
stepmother nevlastní matka
steward stevard
stewardess letuška
still *(adverb)* ještě
sting píchnout
stockings punčochy
stomach žaludek; **stomach ache** bolest žaludku *(f)*
stone kámen

stop zastávka
stop *(verb)* zastavit; **stop!** stůj!
store obchod
storm bouře *(f)*
story příběh
straight ahead přímo
strange *(odd)* podivné
strawberry jahoda
stream proud
street ulice *(f)*
string provázek
stroke *(attack)* mrtvice *(f)*
strong silný
stuck v koncích
student student
stupid hloupý
suburbs předměstí
subway *(US)* metro
success úspěch
suddenly najednou
suede jemný semiš
sugar cukr
suit oblek; **blue suits you** modrá vám sluší
suitcase kufr
summer léto
sun slunce *(n)*
sunbathe opalovat se
Sunday neděle *(f)*
sunglasses sluneční brýle
sunny slunečný
sunset západ slunce *(n)*
sunshine sluneční svit
suntan opálení
suntan lotion emulze na opalování
supermarket velká samoobsluha
supplement doplněk
sure jistý
surname příjmení
surprise překvapení

ENGLISH-CZECH

surprising překvapivý
swallow vlaštovka
sweat potit se
sweater pulovr
sweet bonbón
sweet *(to taste)* sladký
swim plavat
swimming plavání; **go swimming** jít plavat
swimming costume plavky
swimming pool plavecký bazén
swimming trunks plavky
switch vypínač
switch off *(light)* zhasnout; *(TV, engine)* vypnout
switch on *(light)* rozsvítit; *(TV, engine)* zapnout
swollen opuchlý
synagogue synagoga

table stůl
tablecloth ubrus
tablet tableta
table tennis stolní tenis
tail ocas
take vzít
take away *(remove)* odnést
take off *(plane)* odstartovat
talcum powder pudr
talk mluvit
tall dlouhý
tampon tampón
tan *(colour)* snědý
tank nádrž *(f)*
tap kohoutek
tape *(cassette)* pásek
tart dortík
taste chuť *(f)*

taste *(try)* ochutnat
taxi taxi
tea čaj
teach učit
teacher učitel
team družstvo
teapot čajová konvice *(f)*
tea towel utěrka
teenager adolescent
telegram telegram
telephone telefon
telephone directory telefonní seznam
television televize *(f)*
temperature teplota
tennis tenis
tent stan
terrible strašný
terrific fantastické
than: uglier than škaredší než
thank děkovat
thank you děkuji
that ten *(m)*, ta *(f)*, to *(n)*; *(see grammar)*; **that one** tamten; **I think that ...** myslím že ...
the *(see grammar)*
theatre divadlo
theft krádež *(f)*
their(s) jejich
them *(direct)* jim; *(see grammar)*
then potom
there tam; **there is/are** tady je/jsou; **is/are there ...?** je/jsou tady ...?
thermal springs termální prameny
thermometer teploměr
thermos flask termoska
these ti/ty *(m)*, ty *(f)*, ta *(n)*; *(see grammar)*
they oni

thick silný
thief zloděj
thigh stehno
thin tenký
thing věc *(f)*
think myslet
thirsty: I'm thirsty mám žízeň
this *(adjective)* tento *(m)*, tato *(f)*, toto *(n)*; *(pronoun)* toto; **this one** tento; *(see grammar)*
those tamti/tamty *(m)*, tamty *(f)*, tamta *(n)*; *(see grammar)*
thread niť *(f)*
throat hrdlo
throat pastilles pastilky
through skrz *(+ acc)*
throw hodit
throw away zahodit
thunder hrom
thunderstorm bouře
Thursday čtvrtek
ticket vstupenka
ticket office pokladna
tie kravata
tight těsný
tights punčocháče
time čas; **on time** včas; **what time is it?** kolik je hodin?
timetable rozvrh
tin-opener otvírák konzerv
tip spropitné *(n)*
tired unavený
tissues papírové ubrousky
to: I'm going to Bratislava/the station jedu do Bratislavy/na nádraží
toast *(bread)* topinka
tobacco tabák
today dnes
toe palec

together společně
toilet toaleta
toilet paper toaletní papír
tomato rajské jablko
tomorrow zítra
tongue jazyk
tonight dnes večer
tonsillitis zánět mandlí
too *(also)* také; **too big** příliš velký; **not too much** moc ne
tool nástroj
tooth zub
toothache bolest zubu
toothbrush kartáček na zuby
toothpaste pasta na zuby
top: at the top nahoře
torch pochodeň *(f)*
touch dotknout
tourist turista *(m)*
towel ručník
tower věž *(f)*
town město *(n)*
town hall radnice *(f)*
toy hračka
track *(US: rail)* nástupiště *(n)*
tracksuit tepláková souprava
tradition tradice *(f)*
traditional tradiční
traffic provoz
traffic jam dopravní zácpa
traffic lights semafor
traffic warden dopravní stráž *(f)*
trailer *(behind car)* přívěs
train vlak
trainers tenisky
translate přeložit
transmission přenos
travel cestovat
travel agent cestovní agentura

traveller's cheque cestovní šek
tray podnos
tree strom
tremendous obrovský
trip výlet
trolley vozík
trousers kalhoty
true pravdivý
trunk *(US: car)* zavazadlový prostor
try zkusit
try on zkusit na sebe
T-shirt tričko s krátkými rukávy
Tuesday úterý
tunnel tunel
turkey krocan
turn *(verb)* otočit
tweezers pinzeta
twins dvojčata
typewriter psací stroj
tyre pneumatika

ugly škaredý
umbrella deštník
uncle strýc
under pod *(+ instr)*
underdone *(steak etc)* nedopečený
underground *(subway)* metro
underneath pod *(+ instr)*
underpants spodky
understand rozumět
underwear spodní prádlo
unemployed nezaměstnaný
unfortunately naneštěstí
United States Spojené státy
university univerzita

unpack vybalit
unpleasant nepříjemný
until do *(+ gen)*
up: up there tam nahoře
upstairs nahoře
urgent naléhavý
us: for us pro nás; *(see grammar)*
use užívat
useful užitečný
USSR SSSR
usual obvyklý
usually obvykle

vaccination očkování
vacuum cleaner vysavač
vagina vagina
valid platný
valley údolí
valve ventil
van dodávkové auto
vanilla vanilka
vase váza
VD pohlavní choroby *(pl)*
veal telecí maso
vegetables zelenina
vegetarian vegetarián *(m)*/vegetariánka *(f)*
vehicle vozidlo
velvet samet
very velmi; **very much** velmi mnoho
vet veterinář
video video
video recorder videorekordér
view pohled
viewfinder hledáček
villa vila

village vesnice *(f)*
vinegar ocet
vineyard vinice *(f)*
visa vízum *(n)*
visit návštěva
visit *(verb)* navštívit
vitamins vitamíny
voice hlas

waist pás
wait čekat
waiter číšník
waiting room čekárna
waitress číšnice *(f)*
wake up *(someone)* vzbudit;
   (oneself) vzbudit se
Wales Wales
walk procházka *(f)*; **go for a
   walk** jít na procházku
walk *(verb)* jít pěšky
walkman *(R)* walkman
wall zeď *(f)*
wallet náprsní taška
want chtít; **I want** chci; **do
   you want ...?** chcete ...?
war válka
warm teplý; **it's warm** je
   teplo
wash mýt; *(oneself)* mýt se
washbasin umyvadlo
washing prádlo na praní
washing machine pračka
washing powder prášek na
   praní
washing-up mytí nádobí
washing-up liquid mycí
   prostředek na nádobí
wasp vosa

watch *(for time)* hodinky *(pl)*
watch *(verb)* pozorovat
water voda
waterfall vodopád
waterskis vodní lyže
way: this way *(like this)*
   takovým způsobem; **can
   you tell me the way to
   the ...?** můžete mi říct, kudy
   se jde do ...?
we my
weak slabý
weather počasí
weather forecast
   předpověď počasí *(f)*
wedding svatba
Wednesday středa
week týden
weekend víkend
weight váha
welcome! vítáme vás!
well: he's well/not well je
   mu dobře/není mu dobře
well *(adverb)* dobře
well done! výborně!
wellingtons holínky
Welsh velšský
Wenceslas Square
   Václavské náměstí
west západ; **west of** západně
   od *(+ gen)*
wet mokrý
what? cože?; **what ...?** co ...?;
   what's this? co je to?
wheel kolo
wheelchair kolečková židle
   (f)
when? kdy?
where? kde?
which který
while zatímco
whipped cream šlehačka
whisky whisky *(f)*

ENGLISH-CZECH

white bílý
who? kdo?
whole celý
whooping cough černý kašel
whose: whose is this? čí je to?
why? proč?
wide široký
widow vdova
widower vdovec
wife manželka
wild divoký
win vyhrát
wind vítr
window okno
windscreen čelní okno
windscreen wiper stěrač čelního skla (n)
wine víno; red/white/rosé wine červené/bílé/rosé víno
wine list nápojový lístek
wing křídlo
winter zima
wire drát
wish: best wishes všechno nejlepší
with s (+ instr)
without bez (+ gen)
witness svědek
woman žena
wonderful nádherný
wood les
wool vlna
word slovo
work práce (f)
work (verb) pracovat; it's not working nefunguje to
world svět
worry starost (f)
worry about trápit se
worse horší
worst nejhorší

wound zranění
wrap zabalit
wrapping paper balicí papír
wrench francouzský klíč
wrist zápěstí
write psát
writing paper dopisní papír
wrong špatný

X-ray rentgen

yacht jachta
year rok
yellow žlutý
yes ano; oh yes I do! ovšemže ano!
yesterday včera
yet: not yet ještě ne
yoghurt jogurt
you (fam) ty; (pl/pol) vy; (see grammar)
young mladý
young people mladí lidé
your(s) (fam) tvůj (m), tvoje (f/n); (pl/pol) váš (m), vaše (f/n); (see grammar)
youth hostel ubytovna mládeže

zero nula
zoo zoo

a and
ačkoliv although
adaptér adaptor
adresa address
adresář address book
agentura agency
agresivní aggressive
aktovka briefcase
ale but
alergický na allergic to
alternátor alternator
ampér amp
ananas pineapple
anglická slanina bacon
anglický English
Angličan Englishman
Angličané the English
Angličanka English girl/
  woman
Anglie England
ani ... ani ... neither ... nor ...
ano yes
antikoncepce contraception
antikoncepční prostředek
  contraceptive
asi about; probably
astma asthma
atraktivní attractive
Austrálie Australia
australský Australian
auto car
autobus bus; coach
autobusová zastávka bus
  stop

autobusové nádraží bus
  station
automatický automatic
automobil car
autostop hitchhiking

babička grandmother
balicí papír wrapping paper
balíček package
balík parcel
balit pack
balkón balcony
balón ball
banán banana
banka bank
bankovka note *(money)*
barevný film colour film
barmanka barmaid
barva colour
bát se be afraid of
baterie *(f)* battery
baterka torch
bavlna cotton
benzín petrol
benzínová stanice *(f)* petrol
  station
berle *(pl)* crutches
bez without; bez kofeinu
  decaffeinated; bez ledu
  without ice
bezcelný duty-free
bezpečnostní pás seat belt
bezpečný safe
bezplatný free *(of charge)*

CZECH-ENGLISH

béžový beige
běhat run; jog
během during
bílá káva white coffee
bílé víno white wine
bílý white
blahopřeji! congratulations!
bláznivý mad
blecha flea
blinkr indicator
blízko near
boční světla *(pl)* sidelights
bohatý rich
bok hip
bolest *(f)* pain
bolestivý painful
bolet ache
bomba bomb
bonbón sweet
bota boot; shoe
bouře *(f)* storm
brada chin
bradka beard
brambora potato
bramborové lupínky *(pl)*
  crisps
bratr brother
bratranec *(m)* cousin
britský British
broskev *(f)* peach
broušené sklo cut glass
brož *(f)* brooch
brožura brochure
brýle *(pl)* glasses
brzda brake
brzdit brake
brzy soon
březen March
břitva razor
budík alarm clock
budoucnost *(f)* future
budova building
Budvar Budweis beer

buď ... nebo either ... or ...
bunda jacket
burské oříšky *(pl)* peanuts
butan Calor gas *(R)*
Bůh God
bydlet live; stay
býk bull
byliny *(pl)* herbs
byt flat; **na byt a stravu**
  board and lodging
být be

celkem altogether
celnice customs
celozrnný chléb wholemeal
  bread
celý all; whole
cena price
cesta journey; road
cestovat travel
cestovní kancelář *(f)* travel
  agent's
cestovní pas passport
cestovní šek traveller's
  cheque
cestující passenger
cibule *(f)* onion
cihla brick
cítit feel; smell
citlivý sensitive
citron lemon
cizí foreign; strange
cizinec foreigner
clo customs
co ...? what ...?; **co je to?**
  what's this?
cože? what?
cukr sugar
cukrárna cake shop

cukroví biscuits
cyklista *(m)* cyclist
cyklistika cycling

čaj tea; **čaj s citrónem** lemon tea; **čaj s mlékem** tea with milk
čajová konvice *(f)* teapot
čas time
časně early
časopis magazine
část *(f)* part
často often
Čedok Czech travel agency
Čech Bohemian/Czech man
Čechy Bohemia
čekárna waiting room
čekat wait
čelist *(f)* jaw
čelo forehead
čepice *(f)* cap
černá káva black coffee
černý black
černý kašel whooping cough
čerstvý fresh
červen June
červená řepa beetroot
červené víno red wine
červenec July
červený red
český Bohemian/Czech
česnek garlic
čestný honest
Češka Bohemian/Czech girl/woman
Československo Czechoslovakia
čí whose
číslo number

číst read
čistírna dry-cleaner's
čistit clean
čistý clean
číšnice *(f)* waitress
číšník waiter
člověk man
čočka lentils
čokoláda chocolate
čtvrt *(f)* quarter
čtvrtek Thursday

dále! come in!
daleko far (away)
dálnice *(f)* motorway
další! next please!
dáma lady
dámská vložka sanitary towel
dámy ladies' (toilet)
daněk venison
dárek present *(gift)*
datum date *(time)*
dav crowd
dávat give
dcera daughter
deka blanket
délka length
den day
deník diary
dentista *(m)* dentist
dentistka *(f)* dentist
deprimovaný depressed
deštník umbrella
déšť rain
devizový kurs exchange rate
devizy *(pl)* hard currency
dezert dessert
dědeček grandfather

dějiny *(pl)* history
děkovat thank
děkuji thank you
dělat do
dělit se share
děsivý appalling
dětská postýlka cot
dětský child's
děťátko baby
diabetický diabetic
diapozitiv slide
díra hole
diskotéka disco
dítě *(n)* child
divadlo theatre
dívčí jméno maiden name
dívka girl
divný funny; strange
divoký wild
dlouho a long time
dlouhý long; tall
dnes today
dnes večer tonight
dno bottom
do until; to
doba period
dobré ráno good morning
dobrou chuť'! enjoy your
　meal!
dobrou noc good night
dobrý good
dobrý den hello
dobrý večer good evening
dobře well; **dobře!** good!
dodávkové auto van
doklad document
dokonce even
doktorka *(f)* doctor
dole down; depressed
doma home; at home
domácí homemade
dopis letter
doplněk supplement

doporučeně by registered
　mail
doporučit recommend
doprava to the right
dopravní zácpa traffic jam
dopravní značka roadsign
doprovodit accompany
dopředu forward
dort cake; gâteau
dortík tart
dospělý adult
dost enough
dostat get
dotknout se touch
doufat hope
doutník cigar
dovolením: sdovolením
　excuse me
dovoleno allowed
dovolit allow
drahý dear
drát wire
drobné *(pl)* change *(small)*
droga drug
druhá třída second class
druhý second; **z druhé ruky**
　second hand
družstvo team
drůbež *(f)* poultry
drůbky giblets
drzý rude
držadlo handle
držet hold; keep
dřez sink
duben April
duha rainbow
Dunaj Danube
duše *(f)* soul
duše pneumatiky *(f)* inner
　tube
dušený stewed
důchodce *(m)* pensioner
důležitý important

CZECH-ENGLISH

dům house
dveře (pl) door
dvojčata (pl) twins
dvojitý double
dvoulůžko double bed
dýchat breathe
dýmka pipe (to smoke)
džbán jug
džem jam
džez jazz
džínsy (pl) jeans
džus juice

elastický elastic
elektrický electric
elektřina electricity
epileptický epileptic
eurošek Eurocheque
Evropa Europe
evropský European
expozimetr light meter

falešný false
fazole (pl) beans
fialový purple
filé (n) fillet of fish
flirt flirt
fontána fountain
formulář form
fotoaparát camera (still)
fotograf photographer
fotografie (f) photograph
fotografovat photograph
foukaná blow-dry
francouzský klíč wrench

fronta queue
fungovat work

galerie (f) art gallery
garáž (f) garage (shelter)
garsoniéra flatlet
gramatika grammar
gramofon record player
gramofonová deska record
gratulace congratulations
grilovaný grilled
guláš goulash
guma rubber (eraser)

had snake
hala lounge; hall
halenka blouse
hasicí přístroj fire
  extinguisher
hasit extinguish
hašé minced meat
hedvábí silk
helikoptéra helicopter
hemeroidy (pl) piles
hezký handsome
hlad hunger; mám hlad I'm
  hungry
hladový hungry
hlas voice
hlasitý loud
hlava head
hlávkové zelí cabbage
hlávkový salát lettuce
hlavní main
hlavní nádraží main station

CZECH-ENGLISH

hledáček viewfinder
hledat look for
hlemýžď snail
hlídané parkoviště car park with attendant
hloupý stupid
hluboký deep
hlučný noisy
hluchý deaf
hluk noise
hmyz insect
hnědý brown
hodina hour
hodinky *(pl)* watch *(for time)*
hodiny *(pl)* clock
hodit throw
holič barber
holínky *(pl)* wellingtons
holit shave
hora mountain
horečka fever
horko heat
horký hot
horolozectví rock climbing
horší worse
hořčice *(f)* mustard
hořet burn
hoří! fire!
hořká čokoláda plain chocolate
hořký bitter
host guest
hotovost cash
houby *(pl)* mushrooms
houkačka horn
hovězí beef
hra game; play
hračka toy
hrách *(sing)* peas
hranice *(f)* border
hranolky *(pl)* chips
hrášek *(s)* peas
hrát play

hrdlo throat
hrom thunder
hromobití thunderstorm
hrozny *(pl)* grapes
hrozný awful
hruď *(f)* chest
hruška pear
hřbitov cemetery
hřeben comb
hřebík nail *(in wall)*
hudba music
hudební festival music festival
hudební nástroj musical instrument
husa goose
hvězda star
hýbat move *(change position)*

Ch

chladný cool
chlapec boy
chléb bread
chodba corridor
chodec pedestrian
chodidlo foot
chodník pavement
chránit protect
chrápat snore
chřest asparagus
chřipka flu
chtít want
chudý poor
chuť *(f)* appetite; taste
chyba mistake
chybět miss
chytnout catch
chytrý clever

CZECH-ENGLISH

I

infarkt heart attack
infekce *(f)* infection
informační kancelář information desk
informace *(f)* information
injekce *(f)* injection
instalatér plumber
instantní káva instant coffee
inteligentní intelligent
invalida *(m)* invalid
invalidní disabled
Irsko Ireland
irský Irish
izolepa sellotape *(R)*

J

já I
jablko apple
jahoda strawberry
jachta yacht
jak how; **jak se jmenujete?** what's your name?; **jak se máš/jak se máte?** how are you?
jako like *(as)*
jakž-takž so-so
jaro spring *(season)*
jasný clear
játra *(pl)* liver
jazyk language; tongue
jazyková škola language school
je tady ...? is there ...?
jed poison
jeden/jedna/jedno one

jednoduchý simple
jednoduchý lístek *(f)* single ticket
jednolůžkový pokoj single room
jednou once
jehla needle
jehně *(n)* lamb
jeho his
jehož whose
její hers
jejich their(s)
jelení maso venison
jemný gentle; soft
jen just; only
jeskyně *(f)* cave
jestli if
ještě still; **ještě ne** not yet
jet go; travel
jezero lake
ji her
jídelna dining room
jídelní lístek menu
jídelní vůz dining car
jídlo food; meal
jih south
jíst eat
jít walk; **jít domů** go home; **jít na procházku** go for a walk; **jít nahoru** go up; **jít nakupovat** go shopping; **jít spát** go to bed
jízda ride; **jízda na koni** horse-riding
jim them
jinak otherwise
jinde elsewhere
jiný other
jistý sure
jižně od south of
jméno first name
jogurt yoghurt
jsou tady ...? are there ...?

CZECH-ENGLISH

kabát coat
kabelka handbag
kabina cabin
kadeřnice hairdresser
kadeřnictví hairdresser's
kadeřník hairdresser
kachna duck
kakao cocoa; hot chocolate
kalendář calendar
kalhotky *(pl)* panties
kalhoty *(pl)* trousers
kalkulačka calculator
kámen stone
kamera camera *(movie)*
kamna *(pl)* oven
kanadský Canadian
kanál canal
kancelář *(f)* office
kančí maso wild boar
kanoe *(n)* canoe
kapat drop
kapesní zloděj pickpocket
kapesník handkerchief
kapitán captain
kapka drop
kapota bonnet *(car)*
kapr carp
kapsa pocket
karburátor carburettor
Karlovy Vary Carlsbad
karta card
kartáč brush
kartáček na zuby toothbrush
kartón cardboard
kaše buckwheat cereal; purée
kašel cough
kašlat cough
kaštan chestnut
katastrofa disaster

katedrála cathedral
katolický Catholic
kaučuk rubber *(material)*
káva coffee
kavárna café
kazeta cassette
kazetový magnetofon
  cassette player
každý every
kde where
kdo? who?
kdy? when?
když? when?
kedlubny kohlrabi
kino cinema
kladivo hammer
klasický classical
klenotnictví jeweller's
klenoty *(pl)* jewellery
kleště *(pl)* pliers
klíč key
klíč na matice spanner
klika door handle
klikový hřídel crankshaft
klimatizace *(f)*
  air-conditioning
klimatizovaný
  air-conditioned
klobouk hat
kluzký slippery
knedlíky *(pl)* dumplings
kněz priest
kniha book
knihkupectví bookshop
knihovna library
knír moustache
knoflík button
koberec carpet
kocovina hangover
kočárek pram
kočka cat
kohoutek tap
kojit breastfeed

koktail cocktail
kolečková židle wheelchair
koleno knee
kolik? how many/much?;
  kolik je hodin? what time
  is it?
kolík clothes peg
kolínská voda eau de toilette
kolo bicycle; wheel
komár mosquito
kompaktní disk compact
  disc
kompas compass
komplikovaný complicated
končit finish
kondice form
kondiční běh jogging
konec end
konečně at last
kontaktní čočky *(pl)* contact
  lenses
kontaktovat contact
kontrolovat check
konverzace conversation
konverzační příručka
  phrase book
konvice *(f)* kettle
konzerva can
koňak brandy
kopací míč football
kopat kick
koření spice
kosmetika cosmetics
kost *(f)* bone
kostel church
kostka cube
koš basket
košile *(f)* shirt
koště *(n)* broom
kotleta chop *(meat)*
kotník ankle
kotva anchor
koupací čepice *(f)* bathing
cap
koupat bathe
koupel *(f)* bath
koupelna bathroom
koupit buy
kouř smoke
kouření zakázáno
  no-smoking
kouřit smoke
kousek a little bit
kousnout bite
kov metal
koza goat
kožená bunda leather jacket
krabice *(f)* box
krabička packet
krádež *(f)* theft
krajina countryside
král king
králík rabbit
královna queen
krásný beautiful
krást steal
krátkozraký shortsighted
krátký short
kráva cow
kravata tie
krém cream; custard
krém na boty shoe polish
krev *(f)* blood
krevní skupina blood group
krk neck
Krkonoše Giant Mountains
krocan turkey
kromě except
krosna backpack
kroupy *(pl)* hail
krvácet bleed
krvavý rare *(steak)*
krysa rat
křeč cramp
křestní jméno Christian
  name

křičet shout
křídlo wing
křišťálové sklo crystal
křižovatka s kruhovým objezdem roundabout
křižovatka železnice junction
který which; that
kuchař cook
kuchařské náčiní (n) cooking utensils
kuchyň (f) kitchen
kufr suitcase
kulatý round (circular)
kuličková tužka biro (R)
kuřácké kupé (n) smoking compartment
kuřák smoker
kuře (n) chicken
kus piece
kůň horse
kůže (f) skin; leather
kvalita quality
květák cauliflower
květen May
květina flower
květinář (m) florist
kvůli because of
kýchat sneeze
kyselý sour
kytara guitar

láhev (f) bottle
lahodný delicious
lak paint
lak na nehty nail polish
lak na vlasy hair spray
lampa lamp
lanovka cable car

láska love
laskavý kind
látka material
lázně (pl) spa
lebka skull
led ice
leden January
lednička fridge
ledvinky (pl) kidneys
legrační funny
lehátko deck chair
lehátkový vůz couchette
lehký light
lehnout si lie down
lék medicine
lékárna chemist's
lékař (m) doctor
lékařka (f) doctor
lepidlo glue
lepší better; **lepší než** better than
les wood
let flight
letadlo plane
leták leaflet
letecká linka airline
letecky by air/airmail
letět fly
letiště (n) airport
léto summer
letuška air hostess
leukoplast (f) Elastoplast (R)
levný cheap
levý left
ležák lager
lhát lie (say untruth)
líbánky (pl) honeymoon
líbit se like; **líbí se mi to I** like it
libra pound
lidé (pl) people
lidová hudba folk music
likér liqueur

CZECH-ENGLISH

límec collar
limonáda soft drink; lemonade
líný lazy
lískový ořech hazelnut
list leaf
lístek ticket
listopad November
litr litre
lízátko lollipop
loď *(f)* boat; ship
loket elbow
lokomotiva engine *(train)*
Londýn London
losos salmon
ložní prádlo bed linen
ložnice *(f)* bedroom
lůžko bed
lyžař skier
lyžařské boty *(pl)* ski boots
lyžařské vázání binding *(ski)*
lyžařský svah ski slope
lyžařský výtah ski-lift
lyže *(f)* ski
lyžování skiing
lyžovat ski
lžíce *(f)* spoon
lžička teaspoon

má my; mine
maďarský Hungarian
Maďarsko Hungary
magnetofon tape recorder
maják lighthouse
majitel owner
majonéza mayonnaise
Malá Strana Lesser Town
malina raspberry
malíř painter

málo few
malovat paint
malý small
maminka mum
manažér manager
manžel husband
manželka wife
mapa map
Mariánské Lázně Marienbad
marmeláda marmalade
máslo butter
maso meat
mast *(f)* ointment
mastný greasy
máte ...? have you got ...?
matice *(f)* nut *(for bolt)*
matka mother
matrace *(f)* mattress
mé my; mine
med honey
mechanik mechanic
meloun melon
méně less; **méně než** less than
menstruace *(f)* period *(woman's)*
meruňka apricot
metr metre
mezi among; between
měchýř bladder
měkký soft
měřidlo gauge
měsíc month; moon
město town
mi me
mí my; mine
míček ball *(small)*
míchat mix
milovat love
milovat se make love
milý nice *(person)*
minerálka mineral water
minuta minute

miska bowl
místo seat *(place)*; **místo narození** place of birth; **místo trvalého pobytu** permanent residence
mít have
mít rád like
mladý young
mléčná čokoláda milk chocolate
mléčný milky
mléko milk
mlha fog
mluvit speak; **mluvíte ... do you speak ...?**
mnoho many
mnoho štěstí! good luck!
mnohokrát děkuji thank you very much
moc a lot; **moc ne** not too much
moci can; be able
móda fashion
módní fashionable
modrý blue
modřina bruise
moje my
mokrý wet
Morava Moravia
Moravan Moravian man
Moravanka Moravian girl/woman
moravský Moravian
most bridge
motocykl motorbike
motor engine
motorová nafta diesel oil
motýl butterfly
moucha fly
mouka flour
možná maybe
možný possible
mrak cloud

mravenec ant
mráz frost
mraznička freezer
mražené potraviny *(pl)* frozen food
mrkev *(f)* carrot
mrtvice *(f)* stroke *(attack)*
mrtvý dead
mrznout freeze
mše *(f)* mass
mu him
můj my; mine
muset must
muž man
můžeš/můžete ...? can you ...?
muži gents' toilet
mužský men's; male
muzeum museum
my we
mýdlo soap
myslet think
myš *(f)* mouse
myšlenka idea
mýt wash
mýt nádobí do the washing-up
mýt se wash (oneself)

na on; for
na zdraví! cheers!
nabídnout offer
náboženství religion
nábřeží quay
nábytek furniture
nad above; over
nádherný wonderful
nádobí crockery
nádraží station

CZECH-ENGLISH

nádrž *(f)* tank
nadváha excess baggage
nafta oil
náhoda chance
nahoru up
nahoře upstairs
náhrada substitution
náhradní díly *(pl)* spare parts
náhrdelník necklace
nahý naked
nachlazení cold *(illness)*
nachlazený; jsem nachlazený I've got a cold
najednou suddenly
nájemné *(n)* rent
najít find
najmout rent; hire
náklad load
nákladní auto lorry
nákup shopping
nákupní středisko shopping centre
nákupní taška shopping bag
nakupovat go shopping
nálada mood
naléhavý urgent
naléhavý případ emergency
nálepka label
nálevka funnel *(for pouring)*
nalevo on the left
náležet belong
náměstek deputy
náměstek ředitele deputy director
náměstí square *(in town)*
namočit soak
naneštěstí unfortunately
nanuk ice lolly
náplast plaster
naplnit fill
nápoj drink
nápojový lístek drinks list
náprava axle

napravo on the right
napřed in advance
například for example
náprsní taška wallet
náramek bracelet
nárazník bumper
národnost *(f)* nationality
narozen born
narozeniny *(pl)* birthday
nařídit order
nás us
nashledanou goodbye;
nashledanou zítra see you tomorrow
naslouchátko hearing aid
nastoupit get in
nástroj tool
nástupiště *(n)* platform
náš/naše/naši our(s)
naštěstí fortunately
natáhnout stretch
náušnice *(f)* earrings
náves village centre
návštěva visit
navštívenka business card
navštívit visit
ne no; not
nealkoholický non-alcoholic
nebezpečí danger
nebezpečný dangerous
nebo or
neděle *(f)* Sunday
nedorozumění misunderstanding
nehet fingernail
nehoda accident
nechutný disgusting
nejbližší the nearest
nejhorší the worst
nejlepší the best
nejmenší the smallest
nejsem I'm not
nemám I don't have

100

nemoc *(f)* disease
nemocnice *(f)* hospital
nemocný ill
nemožný impossible
nemrznoucí směs *(f)* antifreeze
nenávidět hate
nepořádek mess
nepříjemný annoying; unpleasant
nepřístojný obnoxious
nervózní nervous
nespavost *(f)* insomnia
nést carry
neteř *(f)* niece
neurotický neurotic
neuvěřitelný incredible
nevím I don't know
nevinný innocent
nevlastní matka stepmother
nevlastní otec stepfather
nezaměstnaný unemployed
nezávislý independent
nezbytný necessary
než than
něco something
nějaký some
někde somewhere
někdo somebody
někdy sometimes
několik a few
Německo Germany
německý German
nic nothing
nikde nowhere
nikdo nobody
nikdy never
niť *(f)* thread
Nízké Tatry Low Tatras
nízký low
noc *(f)* night
noční klub nightclub
noha leg

noky semolina dumplings
normální normal
nos nose
nosič porter
nouzový východ emergency exit
noviny *(pl)* newspaper
noviny-časopisy *(pl)* newsagent
nový new
Nový rok New Year
nudný boring
nula zero
nůž knife
nůžky *(pl)* scissors
nyní now

oba both
obálka envelope
občan citizen
občanský civic
občanský průkaz ID card
občerstvení refreshments
období period
oběd lunch
obchod business; shop
obchodní business
obchodní cesta business trip
obchodní dům department store
obchodní zástupce agent
objektiv lens
oblast *(f)* area
oblékat dress *(someone)*
oblékat se dress *(oneself)*
oblek suit
oblíbený favourite
obloha sky
obložený chléb sandwich

obočí eyebrow
obrovský tremendous
obsahovat include
obsazeno engaged (toilet, phone)
obsažený included
obtížný difficult
obvaz bandage
obvod district
obvykle usually
obvyklý usual
obytný přívěs caravan
obývací pokoj living room
ocas tail
ocet vinegar
očkování vaccination
oční stín eye shadow
od since
odbarvovač bleach
odbavení check-in
odděleně separately
oddělení compartment
oddělený separate
odejít leave
odjezd departure
odlakovač nail polish remover
odlišný different
odnést take away (remove)
odpadky (pl) rubbish
odpočinek rest (sleep)
odpočinout take a rest
odpoledne afternoon
odpověď (f) answer
odpovědět answer
odpovědný responsible
odstartovat take off
odvážit se dare
oheň fire
ohňostroj fireworks
ochutnat taste (try)
okamžitě immediately
okenice (f) shutters

okno window
oko eye
okurka cucumber
olej oil
olej na opalování suntan oil
olivový olej olive oil
omáčka sauce
omdlít faint
omezení rychlosti speed limit
omluvit apologize
on he
ona she
oni (m) they
ony (f) they
opakovat repeat
opálení suntan
opálit se tan
opalovat se sunbathe
opatrně! caution!
opatrný careful
operace (f) operation
opilý drunk
opona curtain
opozdit se be late
opravdu really
opravit mend; repair
opravna repair shop; **opravna automobilů** garage
optik optician
opuchlý swollen
opustit leave
oranžový orange (colour)
organizace organisation
organizovat organize
orloj clock
ořech nut (to eat)
ořezávátko pencil sharpener
osel donkey
oslava party (celebration)
osoba person
ospalý sleepy

ostří edge
ostříhání haircut
ostrov island
ostružina blackberry
ostýchavý shy
otázka question
otec father
otevřený open
otevřít open
otočit turn
otrava poisoning; **otrava jídlem** food poisoning
otvírák konzerv tin-opener
otvírák lahví bottle-opener
ovce (f) sheep
ovoce (n) fruit
ovocná šťáva fruit juice
oznámení announcement
oznamovací tón dialling tone

pahorek hill
páka lever
palác palace
palačinka pancake
palec toe
pálivý hot (to taste)
palubní vstupenka boarding pass
památník monument
pamatovat remember
pan Mr
pán gentleman
pane! sir!
panenka doll
pánev (f) frying pan
paní Mrs; married
páni gents' toilet
panika panic

pantofle (pl) slippers
papír paper
papírnictví stationer's
papírový kapesník tissues
paprika red pepper
paprikový lusk pepper (vegetable)
pár pair
párek sausage
parfém perfume
parkovat park
parkoviště (n) car park
pas passport
pás waist
pasažér passenger
pásek belt; cassette
pasta na zuby toothpaste
pastilky (pl) throat pastilles
paštika pâté
pátek Friday
patro floor
patrové postele (pl) bunk beds
pavouk spider
paže (f) arm
péct bake
pečený roast; baked
pekařství baker's
peněženka purse
peníze (pl) money
penzión guesthouse
pepř black pepper
perfektní perfect
pero pen
perořízek penknife
pes dog
pěkný beautiful; pretty
pěna na holení shaving foam
pěší zóna pedestrian precinct
pěšina path
pěšky on foot
píchnout sting
píchnutí puncture

pikantní savoury
pilník na nehty nailfile
pilulka pill
pinzeta tweezers
písek sand
píseň *(f)* song
pistole *(f)* gun
pít drink
pitná voda drinking water
pivo beer
plachetnice sailing boat
plachta sail
plakat cry
plakát poster
pláštěnka raincoat
plášť overcoat
plátek slice
platit pay; **platit v hotovosti** pay cash
platný valid
plavat swim
plavecký bazén swimming pool
plavky *(pl)* swimming costume/trunks
plenka nappy
plést knit
plešatý bald
pleť complexion
pleťový čisticí krém cleansing cream
pleťový krém cold cream
plíce *(pl)* lungs
plná penze full board
plný full
plochý flat *(level)*
plomba filling *(tooth)*
plot fence
plyn accelerator; gas
Plzeň Pilsen
pneumatika tyre
po after
pobřeží coast

pobyt stay
počasí weather
pocit feeling
počítač computer
počkat wait; **počkej na mě!** wait for me!
pochodeň *(f)* torch
pod below; under
podepsat sign
podívaná show
podívat look
podivný strange *(odd)*
podkladový krém foundation cream
podlaha floor *(of room)*
podnebí climate
podnos tray
podobný similar
podpatek heel
podprsenka bra
podrážka sole *(of shoe)*
podzemí underground
podzim autumn
pohlaví sex
pohlavní choroby *(pl)* VD
pohled view
pohlednice *(f)* postcard
pohodlný comfortable
pohostinnost *(f)* hospitality
pohřeb funeral
pojistka fuse
pojištění insurance
pokaždé every time
pokažený faulty; broken
pokladna cash desk/ticket office
pokoj room; **pokoj pro dvě osoby** double room
pokojská chambermaid
pokrývka quilt; blanket
pokuta fine
pole *(n)* field
poledne *(n)* midday

CZECH-ENGLISH

polední přesnídávka lunch
polévka soup
polibek kiss
políbit kiss
policejní stanice (f) police
  station
policie (f) police
policista (m) policeman
politický political
politika politics
polopenze (f) half board
položit put
polský Polish
Polsko Poland
polštář pillow
pomáhat help
pomalu slowly
pomalý slow
pomeranč orange
pomerančová šťáva orange
  juice
pomoc (f) help; pomoc! help!
pomoci help
pondělí Monday
ponožky (pl) socks
popelnice (f) dustbin
popelník ashtray
poplach alarm
populární popular
populární hudba pop music
poradit advise
porazit knock over
porce (f) portion
pórek leeks
porucha breakdown (car)
pořádku: v pořádku OK
posadit se sit down
posádka crew
poschodí floor (storey)
poslat send
poslat poštou post; poslat
  za adresátem forward
  (mail)

poslední last
poslouchat listen (to)
postel (f) bed
poškodit damage
pošťák postman
pošta post office; mail
potápět se dive
potěšení pleasure
potěšený pleased
potit se sweat
potkat meet
potom then (after)
potopit se sink; dive
potřebovat need
potvrdit confirm
potvrzení receipt; certificate
pouť (f) funfair
povlečení bedding
povolení licence; permission
povolit permit
pozdě late
pozítří the day after
  tomorrow
poznat recognize
pozor! look out!
pozorovat watch
pozvání invitation
pozvat invite
požádat ask for
požár fire (blaze)
požární útvar fire brigade
požehnání blessing
požehnej Pánbůh! bless you!
práce (f) work
práce na silnici (f) roadworks
pracovat work
pračka washing machine
prádelna laundry (place)
prádlo laundry (to wash)
Praha Prague
praktický practical
prapor flag
prase pig

prášek pill; powder
prášek na praní washing powder
prášek na spaní sleeping pill
prát do the washing
prát se fight
pravidla silničního provozu (pl) highway code
pravidlo rule
pravdivý true
právník lawyer
právo right
prázdniny (pl) holiday
prázdný empty
Pražský hrad Prague castle
preferovat prefer
prezervativ condom
princ prince
princezna princess
pro for
proč? why?
procento per cent
prodávat sell
prodej sale
prodlužovačka extension lead
procházka walk
projímadlo laxative
projít go through
proměnlivý changeable
promiňte sorry
pronájem hire; letting; **pronájem automobilů** car rental
pronajmout hire
prosím please; don't mention it; **prosím?** pardon?
prosinec December
prostěradlo sheet
prostředek means
proti against
protiklad opposite
protože as (since); because

proud stream
provaz rope
provázek string
provoz traffic
prs breast
prst finger
prsten ring (on finger)
pršet rain
průjem diarrhoea
průkaz certificate
průmysl industry
průsmyk pass (mountain)
průvan draught
průvodčí (m/f) conductor (bus)
průvodce (m) guide; guidebook
průvodkyně (f) guide
přání wish
před before; in front of
předčíslí dialling code
předek ancestor; front (part)
předevčírem the day before yesterday
předjet overtake
předkrm starter
předměstí suburbs
přední front
přední světla (pl) headlights
přednost preference
přednost v jízdě (f) right of way
předpověď (f) forecast
předpověď počasí weather forecast
představit introduce
přehánět exaggerate
přeháňka shower (rain)
přehnaný overdone
přechod crossing; **přechod pro chodce** pedestrian crossing
přejít cross

překvapení surprise
překvapivý surprising
přeložit translate
přenos transmission
přenosná kamínka *(pl)* heater
přesedat change *(trains)*
převlékat se change *(clothes)*
převodovka gearbox
přezdívka nickname
příběh story
příbor cutlery
příbuzní *(pl)* relatives
příčina cause
přihodit se happen
příjemný pleasant
přijet arrive
příjezd arrival
přijít come
příjmení surname
přijmout receive
příklad example
příliš too; **příliš časně** too early
přímo straight ahead; directly
přímý direct
přinejmenším at least
přinést bring
připravený ready
připravovat prepare
příroda nature
přirozený natural
příruční zavazadlo hand luggage
přistát land
přístav harbour
přístroj device
přístrojová deska dashboard
příští next
přítel friend; boyfriend
přítelkyně friend; girlfriend
přívěs trailer
přívoz ferry

přízemí ground floor; downstairs
přízvuk accent
prudký steep
pružina spring *(in seat etc)*
první first
první pomoc *(f)* first aid
první poschodí first floor
první třída first class
psací papír writing paper
psací stroj typewriter
psát write
pšeničný chléb white bread
pták bird
publikum *(n)* audience
pudr talcum powder
puchýř blister
půlnoc *(f)* midnight
pulovr sweater
pumpa pump
punčocháče *(pl)* tights
punčochy *(pl)* stockings
pupínek spot *(on skin)*
puška gun *(rifle)*
půjčit lend
půjčit si borrow
půl half; **půl hodiny** half an hour; **půl litru** half a litre
pyšný proud
pyžamo pyjamas

rád glad
radnice *(f)* town hall
rajské jablko tomato
Rakousko Austria
rakouský Austrian
rakovina cancer
rameno shoulder
ramínko na šaty coathanger

ráno morning
razítko rubber stamp
recepční *(m/f)* receptionist
recepce *(f)* reception
recept prescription; recipe
reflektor light *(on car)*
refundovat refund
rentgen X-ray
repelent insect repellent
restaurace *(f)* restaurant
ret lip
revmatismus rheumatism
revoluce revolution
rezervace reservation
rezervní pneumatika spare
  tyre
rezervovat book; reserve
roční doba season
rodiče *(pl)* parents
rodina family
roh corner
rohy horns
rohlík roll
rok year
román novel
rostlina plant
rozcestí fork *(in road)*
rozdělovač distributor
rozena née
rozhodnout se decide
rozkošný lovely
rozsvíceno on *(light)*
rozsvítit light bulb; switch
  on
rozumět understand
rozumný sensible
rozvedený divorced
rozvinout develop
rozvrh timetable
rozzlobený angry
rožeň spit; skewer
rtěnka lipstick
ruční brzda handbrake

ručník towel
rudovlasý red-headed
ruka hand
rukavice *(pl)* gloves
ruksak rucksack
růže *(f)* rose
růžičková kapusta Brussels
  sprouts
růžový pink
rvačka fight
ryba fish
rybárna fishmonger's
rybaření fishing
rybí kost fishbone
rybník pond
rýč spade
rychle quickly
rychlé občerstvení snack
rychlost *(f)* gear; speed
rychlý quick
ryzí genuine
rýže *(f)* rice

řadicí páka gear lever
řasenka eyeliner
ředitel director
řeka river
řemen belt
řemen ventilátoru fan belt
řemesla *(pl)* crafts
řetěz chain
řeznictví butcher's
říct say
řidič *(m)* driver
řidička *(f)* driver
řidičský průkaz driving
  licence
řídit drive
říjen October

řízení steering
říznout cut

s with
sako jacket
salám salami
salát lettuce; salad
sám myself; himself; alone
sama myself; herself; alone
samet velvet
samoobsluha self-service
samozřejmě of course
sandály *(pl)* sandals
sardinka sardine
sbírka collection
scenérie scenery
sedačka pushchair
sedačkový výtah chairlift
sejít go down
sekané maso minced meat
sekaný chopped
sekat cut
sekera axe
sekunda second *(in time)*
sem pull
semafor traffic lights
sen dream
seno hay
senná rýma hay fever
sestra sister
sestřenice *(f)* cousin *(female)*
sever north
Severní Irsko Northern Ireland
seznam list
shnilý rotten
schody *(pl)* stairs
schovat hide
schránka letterbox

schůze *(f)* meeting
schůzka appointment
sídlo seat
silnice road
silný thick; strong
Silvestr New Year's Eve
skála rock
sklep basement
sklo glass
skočit jump
skončit finish
skopové maso mutton
skoro almost
Skotsko Scotland
skotský Scottish
skrz through
skříň *(f)* cupboard
skupina group
skvělý excellent
skvrna stain
slabý weak
sladkovodní ryby freshwater fish
sladký sweet *(to taste)*
slanina bacon
slaný salty
Slavkov Austerlitz
slavný famous
slečna Miss; single
sledovat follow
slepice hen
slepý blind
slíbit promise
sloužit serve
Slovák Slovak man
Slovenka Slovak girl/woman
Slovensko Slovakia
slovenský Slovak
slovník dictionary
slovo word
slunce *(n)* sun
sluneční brýle *(pl)* sunglasses
sluneční sunny

služba service
slyšet hear
smát se laugh
smažený fried
smažit fry
smetana cream
směr direction
směšný ridiculous
smrt *(f)* death
smutný sad
smyk skid
snacha daughter-in-law
snadný easy
snědý tanned
sněžit snow; **sněží** it is snowing
snídaně *(f)* breakfast
sníh snow
snoubenec fiancé
snoubenka fiancée
sobota Saturday
souhlasit agree
soukromá společnost private company
soukromník self-employed person
soukromý private
soused neighbour
sovětský Soviet
Sovětský svaz Soviet Union
spálení sluncem sunburn
spálenina burn
spálit burn
spát sleep
spací pytel sleeping bag
spací vagón sleeper
spadnout fall
spalničky *(pl)* measles
speciál charter flight
specialita speciality
spěchat hurry; **spěchej!** hurry up!
spíše rather

splasklý flat *(tyre)*
spodky *(pl)* underpants
spoj connection
Spojené státy americké United States of America
spojka clutch
společně together
společnost *(f)* company; society
sportovkyně sportswoman
sportovec sportsman
spousta a lot (of)
spravedlivý fair
spravit repair
správně right
správný correct
sprcha shower
spropitné *(n)* tip
SPZ number plate
srážka crash
srdce *(n)* heart
srnčí maso venison
srpen August
SSSR USSR
stan tent
starat se take care of
Staré Město Old Town
starobní důchodce old-age pensioner
starost *(f)* worry
starověký ancient
starožitnictví antique shop
starožitnost *(f)* antique
starý old
starý mládenec bachelor
stát state
stát se become
stát v penězích cost
statečný brave
statek farm
státní state
státní poznávací značka number plate

státní svátek holiday *(public)*
stehno thigh
stejně anyway
stejný same
stevard steward
stevardka air hostess
stezka path
stěrač windscreen wiper
stěžovat si complain
stín shadow; shade
stojí to 20 korun it costs 20 crowns
století century
stopovat auta hitchhike
stostupňový centigrade
strach fear
strana page; side; political party
strašný horrible; terrible
strava diet
strom tree
strop ceiling
struna wire
strýc uncle
střed centre; middle
střed města city centre
středa Wednesday
středisko centre
střední middle
středověk Middle Ages
střecha roof
stříbro silver
student student
studený cold
stůj! stop!
stůl table
stýskat se miss
suchý dry
sukně *(f)* skirt
surf sailboard
sušenka biscuit
sušit dry
suvenýr souvenir

sůl salt
sůl do koupele bath salts
sval muscle
svatba wedding
svetr jumper
svézt give a lift to
svědek witness
svědit itch
svědkyně *(f)* witness
svět world
světlo light
svíčka candle
svobodný free; single
syn son
synagoga synagogue
synovec nephew
sýr cheese
syrový raw
sytič choke *(on car)*
sytý rich *(food)*

šálek cup
šátek scarf
šampaňské champagne
šampón shampoo
šatna cloakroom
šaty *(pl)* clothes; dress
šedý grey
šéf boss
šek cheque
šeková knížka cheque book
široký wide
šít sew
škaredý ugly
škoda pity; **to je škoda** it's a pity
škola school
škytavka hiccups
šlehačka whipped cream

šok shock
šokující shocking
šortky *(pl)* shorts
špatně badly
špatné číslo wrong number
špatné trávení indigestion
špatný bad
špenát spinach
špendlík pin
špinavý dirty
šroub screw
šroubovák screwdriver
štěstí luck
štětka paint brush
štětka na holení shaving brush
štíhlý slim
štípnutí bite *(insect)*
šťáva juice
šťastný happy
šťastnou cestu! have a good journey!
šťastný Nový rok! happy New Year!
šumivý fizzy
šunka ham
šváb cockroach
švagr brother-in-law
švagrová sister-in-law
švestka plum

ta that
tabák tobacco
tableta tablet
táboření camping
tábořiště campsite
tady here; **tady je/jsou** here is/are
táhnout pull

tady here; **tady je/jsou** here is/are
tachometr speedometer
tajný secret
tak so
také also; too
talíř dish; plate
talířek saucer
tam there; push
tam dole down there
tamhle over there
tampón tampon
tamten that one
tamti/tamty those
tancovat dance
taška bag
tatínek dad
tato this
telecí maso veal
telefon telephone
telefonní budka phone box
telefonní číslo phone number
telefonní informace *(pl)* directory enquiries
telefonní seznam telephone directory
telefonovat phone
televize *(f)* television
téměř nearly
ten that
tenisky *(pl)* trainers
tenký thin
tento this
tepláková souprava tracksuit
teplo warmth
teploměr thermometer
teplota temperature
teplý warm; **je teplo** it's warm
termální prameny *(pl)* thermal springs

termofor hot-water bottle
termoska thermos flask
teta aunt
těhotná pregnant
tělo body
těsnění hlavy válce *(n)* cylinder head gasket
těsný tight
těstoviny noodles
těší mě pleased to meet you!
těšit please
těžký heavy
tchán father-in-law
tchyně *(f)* mother-in-law
ticho silence
ticho! quiet!
tichý quiet
tiskoviny *(pl)* printed matter
tito these
tkaničky *(pl)* shoe laces
tlačit push
tlustý fat
tmavý dark
to it; that; **to je ...** it is ...
toaleta toilet
toaletní papír toilet paper
topení heating
toto this
továrna factory
tradiční traditional
tradice *(f)* tradition
trajekt ferry
trápit se worry about
trapný embarrassing
trasa route
tráva grass
trávení *(n)* digestion
trh market
tričko T-shirt
trochu a little bit (of); some
trosky *(pl)* ruins
trubka pipe
trvalá perm

třešně *(pl)* cherries
třída class
tuk fat
tunel tunnel
tuňák tuna fish
turista *(m)* tourist
turistka *(f)* tourist
tužka pencil
tvá your(s)
tvaroh cottage cheese
tvář *(f)* face
tvé/tví your(s)
tvrdý hard
tvůj your(s)
ty you
týden week
tyto these

u by; at
ubrousek napkin
ubrus tablecloth
ubytování accommodation
ubytovna hostel
ubytovna mládeže youth hostel
ucpaný blocked
účet bill
učit teach
učit se learn
učitel *(m)* teacher
učitelka *(f)* teacher
udělat make
udeřit hit
udivující astonishing
údolí valley
ucho ear
ukázat show
uklidnit se calm down
ulice *(f)* street

CZECH-ENGLISH

umělá hmota plastic
umělec artist
umělý artificial
umění art
umyvadlo washbasin
unavený tired
únik escape; leak
univerzita university
únor February
úpal sunstroke
úplně quite
upřímný sincere
urazit offend
úroveň level
úrovňová křižovatka level
  crossing
úschovna zavazadel left
  luggage
úsměv smile
usmívat se smile
úspěch success
ústa mouth
ústřední central
ústřední topení central
  heating
utěrka tea towel
úterý Tuesday
útes cliff
útok attack
utratit spend
úvěr credit
úvěrová karta credit card
uvolnit relax
úzký narrow
už already
užitečný useful
užívat use

v in; at

Václavské náměstí
  Wenceslas Square
vadit mind
vagón carriage
váha weight
válka war
vana bathtub
vanilka vanilla
vánoce *(pl)* Christmas
vařený boiled
vařič cooker
vařit cook; boil
vás you
váš your(s)
vaše/vaši your(s)
vata cotton wool
váza vase
vážný serious
včas on time
včela bee
včera yesterday
včetně inclusive of
včetně všeho all-inclusive
vdaná married *(of woman)*
vděčný grateful
vdova widow
vdovec widower
ve in; at
večer evening
večeře *(f)* dinner *(evening meal)*
večeřet have dinner *(evening meal)*
vedle next to
vedoucí *(m/f)* manager
vejce *(n)* egg
vejce natvrdo *(n)* hard-boiled
  egg
vejít enter
velikonoce *(pl)* Easter
velikost *(f)* size
Velká Británie Britain
velký big; large

velmi very; **velmi mnoho**
  very much
velšský Welsh
velvyslanec ambassador
velvyslanectví embassy
ven: šla ven she's out
venkov country
venku outside
ventil valve
ventilátor fan
vepřové maso pork
veřejná prádelna launderette
veřejnost (f) public
veřejný public
veselé vánoce! happy
  Christmas!
veslice (f) rowing boat
vesnice (f) village
veterinář (m) vet
veterinářka (f) vet
vevnitř inside
věc (f) thing; matter
věda science
vědět know
vědro bucket
věk age
věřit believe
věšák hanger
větrovka windcheater
většina most
vězení prison
věž (f) tower
vchod entrance
více more
Vídeň Vienna
video video
videorekordér video
  recorder
vidět see
vidlička fork
víkend weekend
víko lid
vila villa

vinice (f) vineyard
víno wine
višně morello cherries
vitamíny (pl) vitamins
vítat welcome; **vítáme vás!**
  welcome!
vítr wind
vízum visa
vláda government
vlak train
vlasový regenerátor
  conditioner
vlasy (pl) hair
vlaštovka swallow
vlažný lukewarm
vlhký damp
vlna wool; wave (in sea)
vloni last year
vložka sanitary towel
Vltava Moldau
voda water
voda po holení aftershave
vodní lyže (pl) waterski
vodní lyžování waterskiing
vodopád waterfall
volant steering wheel
volat call
vonět smell (nice)
vosa wasp
vozidlo vehicle
vozík trolley
vrátit give back
vrátit se come back
vrchol top
vstát get up
vstupenka ticket
vstupte! come in!
všechno everything;
  všechno nejlepší! best
  wishes!; **všechno nejlepší
  k narozeninám!** happy
  birthday!
všichni all

všude everywhere
vůně *(f)* nice smell
vy you
vybalit unpack
výborně! well done
vybrat choose
vydělávat earn
výfuk exhaust
vyhrát win
vyhublý skinny
východ exit; east; gate
východ slunce sunrise
výlet trip
vyměnit exchange; change
vypadat look *(seem)*
vypadat jako look like
výpadek elektřiny power cut
vypadněte get out!
vypínač switch
vyplnit fill in
vypnout switch off *(engine)*
výprodej sale *(reduced price)*
výročí anniversary *(wedding)*
výron sprain
vyrušit disturb
vysavač vacuum cleaner
vyslovit pronounce
Vysoké Tatry High Tatras
vysoký high
vysoušeč vlasů hair dryer
výstava exhibition
vystoupit get off
vysušit dry out
výtah lift *(elevator)*
vyučovací hodina lesson
vyučovat teach
vývrtka corkscrew
vysvětlit explain
vzácný rare
vzbudit wake up *(someone)*
vzbudit se wake up *(oneself)*
vzdálenost *(f)* distance

vzdělání education
vzduch air
vzhůru awake
vzít take
vzrušující exciting
vždy always

z of; from
za behind; in; after; per; **za prvé** firstly
zabalit wrap
zábava fun; dance *(party)*
zabít kill
záblesk flash
záclona curtain
zácpa constipation
začátečník beginner
začátek beginning
začít begin
záda *(pl)* back *(of body)*
zadek bottom *(of body)*
zadní back; **zadní kolo/sedadlo** the back wheel/seat; **zadní světla** *(pl)* rear lights
zahanbený ashamed
zahodit throw away
záhon flower bed
zahrada garden
zahrádka na automobil roof rack
záchod toilet
zajímavý interesting
zakázaný forbidden; prohibited
zákon law
zákusek sweet pastry
záležet depend
zámek castle; lock

záměrně deliberately
zaměstnání job; employment
zaměstnat employ
zamilovat se fall in love
zamknout lock
zamračeno cloudy
zaneprázdněný busy
zánět inflammation
zánět mandlí tonsillitis
zánět slepého střeva
  appendicitis
západ west
západ slunce sunset
západně od west of
zápal plic pneumonia
zapálit light
zápalka match *(light)*
zapalovací svíčka spark plug
zapalování ignition
zapalovač lighter
zápas match *(sport)*
zápěstí wrist
zápisník notebook
zapnout switch on
zapomenout forget; leave
zarděnky *(pl)* German
  measles
záruka guarantee
září September
zasnoubený engaged
zastavit stop
zastávka stop; **zastávka na**
  znamení request stop
zástrčka plug *(electrical)*
zástrčka zámku bolt
zástupce *(m)* agent
zásuvka socket
zatáčka bend
zatímco while
zátka plug *(in sink)*
zatknout arrest
zápach bad smell
zavazadla *(pl)* luggage

závěrka shutter *(photo)*
zavírací špendlík safety pin
zavolat call
zavřený closed
zavřít close
zavřít na zástrčku bolt
zbytek rest *(remaining)*
zde here; **zde je/jsou** here
  is/are
zdraví health
zdravotní sestra nurse
zdravý healthy
zdvořilý polite
zeď *(f)* wall
zejména especially
zelené fazole *(pl)* green
  beans
zelenina vegetables
zelený green
zelený hrášek peas
zelí cabbage
země *(f)* earth
zemědělec farmer
zemřít die
zeť son-in-law
zhasnout switch off; **zhasni!**
  switch it off!
zhroucení breakdown
  (nervous)
zhroutit se break down
zima winter; **je zima** it's cold
zítra tomorrow
zjevný obvious
zklamaný disappointed
zkratka shortcut
zkusit try
zkusit na sebe try on
Zlatá Praha Golden Prague
zlato gold
Zlatý kříž Golden Cross
zlepšit improve
zloděj thief
zlomenina fracture

zlomený broken
zlomit break
zmeškat miss *(train etc)*
změnit change
zmizet disappear
zmrzlina ice cream
znamenat mean
známka stamp
znásilnění rape
znásilnit rape
znát know *(person)*
znečištěný polluted
znovu again
zoologická zahrada zoo
zpátečka reverse *(gear)*
zpáteční jízdenka return ticket
zpáteční zrcátko rearview mirror
zpátky back
zpívat sing
zpoždění delay
zpozdit se be late
zpráva message
zprávy *(pl)* news
způsob way
zralý ripe
zranění wound
zraněný injured
zrcadlo mirror
zrušit cancel
ztráta loss
ztratit lose
ztráty a nálezy lost property office
zub tooth
zubař dentist
zubní protéza dentures
zuřivý furious
zůstat stay *(remain)*
zvedák jack
zvěřina game *(meat)*
zvětšení enlargement

zvíře *(n)* animal
zvon bell
zvonek bell *(for door)*
zvonit ring
zvracet vomit
zvyk custom; habit

žádat ask; demand
žádný ... no ...
žaludek stomach
žárlivý jealous
žárovka bulb *(light)*
žebřík ladder
žebro rib
žehlička iron *(for clothes)*
žehlit iron
žehnat bless
železářství ironmonger's
železnice *(f)* railway
železo iron *(metal)*
žena woman
ženatý married *(of man)*
ženy ladies' toilet
žert joke
židle *(f)* chair
židovský Jewish
žiletka razor blade
žít live
žitný chléb rye bread
život life
živý alive
žízeň *(f)* thirst
žíznivý thirsty
žlutý yellow
župan dressing gown
žvýkačka chewing gum

There are no *ARTICLES* (a, an, the) in Czech so depending on the context, the word **auto** can mean 'a car', 'the car' or 'car'.

Czech has three *GENDERS* - masculine, feminine and neuter. Words denoting human adults are either masculine or feminine, according to sex. Neuter is usual in the case of children and young animals.

Most masculine nouns end in a consonant; most feminine nouns end in -a; and most neuter nouns end in -o or -í (exceptions are shown in the dictionary).

Czech has six *CASES*:

The *NOMINATIVE* case is used for the subject of the sentence.

The *ACCUSATIVE* is used for the object of most verbs:

>   **rádi bychom navštívili uměleckou galerii**
>   we would like to visit the art gallery

It is also used after some prepositions to indicate motion or direction towards (eg **na** on/to, **skrz** through, **přes** across):

>   **jedu na fakultu** I'm going to the faculty
>   **dávám to na židli** I'm putting it on the chair

The *GENITIVE* denotes possession and can usually be translated by 'of':

byt Václava Václav's flat   **břeh Dunaje** the banks of the Danube

It is also used after some prepositions (as shown in the dictionary):

|jdu do hotelu I'm going to the hotel

The *DATIVE* is used for indirect objects with verbs of giving and sending (often corresponding to 'to' in English) and with some prepositions:

>   **poslal jsem dopis svému bratrovi**
>   I've sent a letter to my brother
>   **jde k Barbaře dnes večer**
>   he's going to Barbara's this evening

The *LOCATIVE* is used with most prepositions (as shown in the dictionary):

v restauraci in the restaurant   **na trhu** at the market

GRAMMAR

The *INSTRUMENTAL* is used to show how or by whom an action is carried out:

> **přiletěli jsme letadlem**   we arrived by plane
>
> **symfonie složená Dvořákem**
> a symphony composed by Dvořák

and is also used with some prepositions:

> **bydlím s jeho přítelem**   I live with his friend
> **pod stolem**   under the table

In Czech, *NUMERALS* also determine the case a noun takes:

1 and all numbers ending in 1 (eg 51) take the nominative singular. 2, 3, and 4 take the nominative plural. All other numbers take the genitive plural:

jedno město 1 town   **čtyři stoly** 4 tables   **dvacet osm žen** 28 women

NOUNS are declined according to their gender – masculine, feminine or neuter – and according to whether their nominative singular ending contains a hard or soft consonant:

HARD CONSONANTS	SOFT CONSONANTS
d, h, ch, k, r, t, n	c, č, ď, j, ň, ř, š, ť, ž

EITHER HARD OR SOFT CONSONANTS
b, f, g, l, m, p, q, s, v, w, x, z

The declension of a *MASCULINE* noun ending in a consonant is also dependent on whether it is *INANIMATE* or *ANIMATE*:

	HARD ENDING		SOFT ENDING	
	sing	pl	sing	pl
inan	**hrad** fortress		**stroj** machine	
nom	hrad	hrady	stroj	stroje
acc	hrad	hrady	stroj	stroje
gen	hradu	hradů	stroje	strojů
dat	hradu	hradům	stroji	strojům
loc	hradě	hradech	stroji	strojích
instr	hradem	hrady	strojem	stroji

	HARD ENDING		SOFT ENDING	
	sing	pl	sing	pl
anim	**pán** sir, gentleman		**muž** man	
	(polite noun for			
	referring to a man)			
nom	pán	páni [2]	muž	muži [4]
acc	pána	pány	muže	muže
gen	pána	pánů	muže	mužů

120

GRAMMAR

dat	pánovi [1]	pánům	mužovi [3]	mužům
loc	pánovi [1]	pánech	mužovi [3]	mužích
instr	pánem	pány	mužem	muži

[1] also pánu [2] also pánové [3] also muži [4] also mužové

With masculine nouns ending in -a or -e, the case endings are determined by whether the consonant preceding the final vowel is hard or soft, but there is no differentiation between animate and inanimate nouns:

	HARD ENDING		SOFT ENDING	
	sing	*pl*	*sing*	*pl*
	předseda chairman		**soudce** judge	
nom	předseda	předsedové	soudce	soudci [2]
acc	předsedu	předsedy	soudce	soudce
gen	předsedy	předsedů	soudce	soudců
dat	předsedovi	předsedům	soudci [1]	soudcům
loc	předsedovi	předsedech	soudci [1]	soudcích
instr	předsedou	předsedy	soudcem	soudci

[1] also soudcovi [2] also soudcové

FEMININE noun endings fall into two categories: when the ending is preceded by a hard consonant as in **žena** 'woman', or by a soft consonant as in **nůše** 'basket':

	HARD ENDING		SOFT ENDING	
	sing	*pl*	*sing*	*pl*
nom	žena	ženy	nůše	nůše
acc	ženu	ženy	nůši	nůše
gen	ženy	žen	nůše	nůší
dat	ženě	ženám	nůši	nůším
loc	ženě	ženách	nůši	nůších
instr	ženou	ženami	nůší	nůšemi

Nouns outside these categories are differentiated according to the ending of the genitive singular and are either declined like **píseň** or **kost**:

nom	píseň song		kost bone	
gen	písně		kosti	

	gen ending in -ě		gen ending in -i	
	sing	*pl*	*sing*	*pl*
nom	píseň	písně	kost	kosti
acc	píseň	písně	kost	kosti
gen	písně	písní	kosti	kostí
dat	písni	písním	kosti	kostem

121

GRAMMAR

loc	písni	písních		kosti	kostech
instr	písni	písněmi		kosti	kostmi

NEUTER nouns are divided into three groups according to their endings;
the hard ending -o - **město** 'town', the soft ending -e - **moře** 'sea' and the
ending í – **stavení** 'building'.

	HARD ENDING		SOFT ENDING	
	sing	*pl*	*sing*	*pl*
nom	město	města	moře	moře
acc	město	města	moře	moře
gen	města	měst	moře	moří
dat	městu	městům	moři	mořím
loc	městě/městu*	městech	moři	mořích
instr	městem	městy	mořem	moři

* the two endings are equally common and are interchangeable

-í ending	*sing*	*pl*
nom	stavení	stavení
acc	stavení	stavení
gen	stavení	stavení
dat	stavení	stavením
loc	stavení	staveních
instr	stavením	staveními

Czech *ADJECTIVES* are either non-derived adjectives which express basic
qualities:

        malý small   **tvrdý** hard

or adjectives derived from nouns, adverbs or verbs:

        chuť taste   **chutný** tasty
        hrát to play   **hravý** playful

Most adjectives end in -ní, - ný, -ský, -cký or -ový.

Czech adjectives agree with the nouns to which they refer. There are two
types of adjectives – hard and soft and within each group the form changes
according to the gender:

HARD ENDING SINGULAR

mladý young

	m	*f*	*n*
nom	mladý	mladá	mladé
acc	mladého/mladý*	mladou	mladé
gen	mladého	mladé	mladého
dat	mladému	mladé	mladému

GRAMMAR

loc	**mladém**	**mladé**	**mladém**
instr	**mladým**	**mladou**	**mladým**

* when the adjective is describing a masculine inanimate noun, the accusative form is the same as the nominative

PLURAL

	m anim	f/m inan	n
nom	**mladí**	**mladé**	**mladá**
acc	**mladé**	**mladé**	**mladá**
gen	**mladých**	**mladých**	**mladých**
dat	**mladým**	**mladým**	**mladým**
loc	**mladých**	**mladých**	**mladých**
instr	**mladými**	**mladými**	**mladými**

SOFT ENDING

národní national

	SINGULAR		PLURAL
	m/n	f	
nom	**národní**	**národní**	**národní**
acc	**národního/národní***	**národní**	**národní**
gen	**národního**	**národní**	**národních**
dat	**národnímu**	**národní**	**národním**
loc	**národním**	**národní**	**národních**
instr	**národním**	**národní**	**národními**

* when the adjective is describing a masculine inanimate or neuter noun the accusative form is the same as the nominative

The *COMPARISON* of adjectives is in most cases formed by the ending -ejší:

      smělý brave   **smělejší** braver

The following have irregular comparatives:

malý small	**menší** smaller	**sladký** sweet	**sladší** sweeter
velký big	**větší** bigger	**blízký** near	**bližší** nearer
dobrý good	**lepší** better	**tichý** quiet	**tišší** quieter
zlý bad	**horší** worse		

The *SUPERLATIVE* is formed by adding the prefix **nej-** to the comparative:

      smělejší braver   **nejsmělejší** the bravest

In Czech, *ADVERBS* are formed by replacing the final letter of an adjective with -**ě**:

      nový new   **nově** newly

GRAMMAR

krásný beautiful   **krásně** beautifully

The **DEMONSTRATIVE ADJECTIVE** and **PRONOUN**:

	ten/ta/to this, that		**ti/ty/ta** these, those		
	m/n	*f*	*m*	*f*	*n*
nom	ten/to	ta	ti/ty**	ty	ta
*acc**	toho	tu	ty	ty	ta
gen	toho	té	těch	těch	těch
dat	tomu	té	těm	těm	těm
loc	tom	té	těch	těch	těch
instr	tím	tou	těmi	těmi	těmi

* when the accusative is referring to masculine inanimate and neuter nouns the nominative forms **ten/to** are used

** the animate form is **ti** and the inanimate **ty**

POSSESSIVE PRONOUNS and **ADJECTIVES**:

můj/má/mé/mí/mé/má my, mine

	SINGULAR			PLURAL		
	m	*f*	*n*	*m anim*	*m inan/f*	*n*
nom	můj	má	mé	mí	mé	má
acc	mého/můj*	mou	mé	mé	mé	má
gen	mého	mé	mého	mých	mých	mých
dat	mému	mé	mému	mým	mým	mým
loc	mém	mé	mém	mých	mých	mých
instr	mým	mou	mým	mými	mými	mými

* when the accusative is referring to a masculine inanimate noun, **můj** is used.

tvůj/tvá/tvé/tví/tvé/tvá yours (declines like **můj**)

jeho his (indeclinable)
její her (indeclinable)

náš/naše/naši/naše   our(s)

	SINGULAR		PLURAL
	m/n	*f*	
nom	náš/naše	naše	naši**/naše
acc	našeho*	naši	naše
gen	našeho	naší	našich
dat	našemu	naší	našim
loc	našem	naší	našich
instr	naším	naší	našimi

124

GRAMMAR

* when referring to a masculine inanimate or neuter subject, the form **náš/naše** is used

** when referring to a masculine animate subject, the form **naši** is used

> **váš/vaše/vaši/vaše** our(s) (declines like **naše**)
> **jejich** their (indeclinable)

PERSONAL PRONOUNS are usually omitted when they are the subject of a sentence but may be retained for special emphasis.

> **kam jde?** where is he going?   **nevím** I don't know
> **on sedí, ona stojí**   he is sitting, she is standing

já I		**my** we
ty you* /(sing fam)		**vy** you* (pl/sing pol)
on/ona/ono he/she/it		**oni** (m)/**ony** (f)/**ona** (n) they

nom	**já**	**ty**	**on**	**ona**	**ono**
acc	**mne/mě**	**tebe/tě**	**jeho**	**ji**	**je**
gen	**mne/mě**	**tebe**	**jeho**	**jí**	**jeho**
dat	**mně/mi**	**tobě/ti**	**jemu**	**jí**	**jemu**
loc	**mně**	**tobě**	**něm**	**ní**	**něm**
instr	**mnou**	**tebou**	**jím**	**jí**	**jím**

nom	**my**	**vy**	**oni/ony/ona**
acc	**nás**	**vás**	**je**
gen	**nás**	**vás**	**jich**
dat	**nám**	**vám**	**jim**
loc	**nás**	**vás**	**nich**
instr	**námi**	**vámi**	**jimi**

* Czech has two ways of saying **YOU** - **ty** is informal, for speaking to friends and family, to children, among young people etc. **vy** is the more formal way to speak to one person or to speak to more than one person.

Forms beginning with **je-**, **ji-** or **jí-** are replaced by **ně-**, **ni-** or **ní-** when they are preceded by a preposition:

> **o něm** about him   **o nich** about them

There are three main patterns of **VERBS** whose conjugations depend on whether the infinitive ending is **-at**, **-it** or consonant **-t**:

dělat	(do)
dělám	I do
děláš	you do
dělá	he/she/it does
děláme	we do
děláte	you do
dělají	they do

GRAMMAR

prosit (ask for)		**nést** (carry)	
prosím	I ask for	**nesu**	I carry
prosíš	you ask for	**neseš**	you carry
prosí	he/she asks for	**nese**	he/she/it carries
prosíme	we ask for	**neseme**	we carry
prosíte	you ask for	**nesete**	you carry
prosí	they ask for	**nesou**	they carry

The *PAST TENSE* consists of the past participle of the main verb added to the appropriate person of the present tense of the verb 'to be' **být** (see p 127), except for the third persons singular and plural – where the form of **být** is omitted.

The *PAST PARTICIPLE* is formed by replacing the final -t of the infinitive with one of the following endings -l/-la/-lo/-li/-ly/-la. Note that there are separate past tenses for masculine, feminine and neuter subjects.

dělat	
dělal jsem *(m)*/**dělala jsem** *(f)*	I did
dělal jsi *(m)*/**dělala jsi** *(f)*	you did
dělal/dělala/dělalo	he did/she did/it did
dělali jsme *(m)*/**dělaly jsme** *(f)*	we did
dělali jste *(m)*/**dělaly jste** *(f)*	you did
dělali *(m anim)*/**dělaly** *(f/ m inan)*	they did
dělala *(n)*	they did

prosit	
prosil jsem *(m)*/**prosila jsem** *(f)*	I asked for
prosil jsi *(m)*/**prosila jsi** *(f)*	you asked for
prosil/prosila	he/she asked for
prosili jsme *(m)*/**prosily jsme** *(f)*	we asked for
prosili jste *(m)*/**prosily jste** *(f)*	you asked for
prosili *(m)*/**prosily** *(f)*	they asked for

nést	
nesl jsem *(m)*/**nesla jsem** *(f)*	I carried
nesl jsi *(m)*/**nesla jsi** *(f)*	you carried
nesl/nesla/neslo	he/she/it carried
nesli jsme *(m)*/**nesly jsme** *(f)*	we carried
nesli jste *(m)*/**nesly jste** *(f)*	you carried
nesli *(m anim)*/**nesly** *(f/m inan)*	they carried
nesla *(n)*	they carried

The following are common exceptions to the above and the stem given below should be used to form the past participle:

GRAMMAR

INFINITIVE	STEM	INFINITIVE	STEM
číst read	četl	moci be able	mohl
chtít want	chtěl	říct say	řekl
jíst eat	jedl	vést lead	vedl
jít go	šel *(m)*/šla *(f)*	vzít take	vzal
mít have	měl	začít start	začal

The *FUTURE TENSE* is formed with the infinitive of the main verb and the future tense of the verb 'to be' **být**:

budu nosit	I will carry	**budeme nosit**	we will carry
budeš nosit	you will carry	**budete nosit**	you will carry
bude nosit	he/she/it will carry	**budou nosit**	they will carry

být TO BE *(irregular)*

PRESENT   FUTURE

jsem	I am	budu	I will be
jsi	you are	budeš	you will be
je	he/she/it is	bude	he/she/it will be
jsme	we are	budeme	we will be
jste	you are	budete	you will be
jsou	they are	budou	they will be

PAST

byl jsem *(m)*/byla jsem *(f)*	I was
byl jsi *(m)*/byla jsi *(f)*	you were
byl/byla/bylo	he/she/it was
byli jsme *(m)*/byly jsme *(f)*	you were
byli jste *(m)*/byly jste *(f)*	you were
byli *(m anim)*/byly *(f/m inan)*	they were
byla *(n)*	they were

NEGATION is expressed by adding the prefix **ne-** to the verb:

nebyl jsem I was not   **nejsem** I am not
nebudu I will not be

Double negation is common in Czech:

neviděl jsem nic   I did not see anything (literally 'I didnot see nothing')

QUESTIONS are indicated by a rise in pitch of the voice at the end of a sentence. Interrogative pronouns, eg **kdo?** 'who?', **co?** 'what?', **jak?** 'how?', **kdy?** 'when?' are used similarly in English and Czech:

kdo je to? who is it?   **kdy přijde?** when does he/she/it arrive?

CONVERSION TABLES

metres
  1 metre = 39.37 inches or 1.09 yards

kilometres
  1 kilometre = 0.62 or approximately ⅝ mile

to convert kilometres to miles: divide by 8 and multiply by 5

kilometres:	2	3	4	5	10	100
miles:	1.25	1.9	2.5	3.1	6.25	62.5

miles
to convert miles to kilometres: divide by 5 and multiply by 8

miles:	1	3	5	10	20	100
kilometres:	1.6	4.8	8	16	32	160

kilos
  1 kilo = 2.2 or approximately 1⅕ pounds

to convert kilos to pounds: divide by 5 and multiply by 11

kilos:	4	5	10	20	30	40
pounds:	8.8	11	22	44	66	88

pounds
  1 pound = 0.45 or approximately 5/11 kilo

litres
  1 litre = approximately 1¾ pints or 0.22 gallons

Celsius
to convert to Fahrenheit: divide by 5, multiply by 9, add 32

Celsius:	10	15	20	25	28	30	34
Fahrenheit:	50	59	68	77	82	86	93

Fahrenheit
to convert Fahrenheit to Celsius: subtract 32, multiply by 5, divide by 9